法治建设与法学理论研究部级科研项目

# 律师职业的起源

# THE ORIGINS OF THE ADVOCATUS

黄美玲 著

北京大学出版社
PEKING UNIVERSITY PRESS

*Cuiusque rei potissima pars principium est.*

Gaius

起源是所有事物最重要的部分。

〔古罗马〕盖尤斯

THE ORIGINS
OF THE
*ADVOCATUS*

# 序 一

　　本书描述了律师职业在大陆法系与普通法系中的发展历程，并与中国模式形成对照，全文意趣盎然、鲜活灵动，殊值品读。本书以不同形式的学科范式、职业活动的具体模式，以及律师职业在现代社会中的角色之间的比照，借助共时性分析与历时性分析的方法，为读者探究律师职业形成的发展脉络，帮助读者充分地了解律师在时间的流逝中以及在当今社会与政治背景下扮演着什么角色。律师的角色已经变得非常复杂，亦充分反映了当下社会之复杂，即除传统设定功能外，还发展出了与新科技和新目标相关的更为专业化的诸多功能：解决生物法领域关涉伦理道德的法律问题；解决经济、金融、医学领域且与人工智能相关的法律问题；保护劳工与消费者，处理在占市场支配地位主体面前的个体保护问题。质言之，当今复杂的社会背景下律师扮演的角色非常多元化。

律师首先是法学家，他从法律中习得能力、获得成长、寻找其角色存在（及其在社会中不可或缺）的理由，并从中获得给养。因此，他必须了解法律渊源，无论是具有国家性、超主权性以及国际性的硬法，还是软法。在法庭上，律师是辩护人，在审判中发挥着至关重要的作用，因为他代表当事人居辩席直面法官，并监督法官重塑事实，以法律术语辨析案情并作出判决，即"断屈伸冤"。在法庭外，律师表达观点、提出建议，以使行为符合法律规范、疑难案件得到解决。辩护、咨询、解答乃是律师溯古追今的传统。然而，按欧洲安全与合作组织（OSCE）年度报告，鉴于当今司法系统案件累牍已是欧洲各国普遍存在的情况，律师或被要求在案件呈送法官之前进行争端调解。调停和解在不久以前都还并不是律师的常见职能，但现如今要么因其强制性，要么因其成为确定法律关系和高效完成经济往来的前置程序，而发展成为一种争议解决的替代方式。

本书深入讨论了这些问题，且不偏不倚地斧正了许多在律师代理活动过程中形成的偏念与成见。作者驳斥了那些普通法系的历史学家的观念，他们过于偏爱自身的法律传统，而将律师职业的产生追溯至中世纪英国的司法实践。作者提供了翔实的文书和原始文献（专著内还包含难能可贵的附录），由此可见，这一职业的产生可追溯至两千年前的古希腊，后为罗马社会所充分肯定且达到巅峰。彼时，法律科学和实践艺术的奠基人将精湛的演说技艺与精密的逻辑融会贯通，勾勒出西塞罗的伟大形象：对于那些高度称赞修辞技巧、辩护策略以及清晰且极具说服力的辩词的意大利律师而言，西塞罗的形象（卡比托利欧博物馆哲学家展厅中有一尊他的半身像）当再熟悉不过。因为，在货币支付还没有被电子支付取代以前，司法活动文件的印花税票上的凸纹就是这一形象。这位伟大的修辞学家和法学家几乎就是律师的化身。

从中世纪到近现代，律师的角色不断丰满。在此期间，律师作为伟大且博学的法学家，为法庭的同事出书立著，讲授法律论证，阐述基础问题，构建法学世界——一个为人类社会所有典型问题提供解决方案的世界：特定身份的权利和义务、家庭关系、谈判磋商、财产利用、代际间财产转移，等等。因此，这一时期律师的职业荣耀也得到了巩固，鉴于这一职业在捍卫权利时表现出的正直、诚信以及其智识之水平，律师被尊为贵族阶层（尤见法袍之尊贵）。

也正是在上述时期，对那些腐化堕落的律师的反对与批判，催生、具化出一种颇具怀疑与恶意的文学风格，给普通民众留下了律师贪婪、不忠、腐败的深刻印象，从而为这一职业蒙上了一层阴影。托马索·加尔佐尼（Tommaso Garzoni）在其1593年发表的著作《世界职业一览》（La piazza universale di tutte le professioni del mondo）中生动地描写了律师，给世人留下了不可磨灭的印象。亚历山德罗·曼佐尼（Alessandro Manzoni）在其1832年出版的小说《约婚夫妇》（I Promessi Sposi）中也将律师描绘成"讼棍"的讥讽形象。又或者是文森佐·莫雷诺（Vincenzo Moreno）在《律师的教养》（Il galateo degli avvocati）（1843年）中所描绘的场景：在那雄伟的卡普阿诺城堡里，那不勒斯法院的审判庭中，挤满了律师、检察官、诉冤者、说客和商人。萨维尼也将那不勒斯称为"律师之城"（Stadt der Advocaten）。

我们也应该记住，律师群体通过自身的职业活动为审判仪式的创立做出了贡献。意大利律师制度的发展呈现出诸多不同分支，同时也描绘出产生于伦巴第大区（安博礼）、威内托大区［尤其威尼斯，此地远近闻名的戏剧作家卢卡·戈尔多尼（Luca Goldoni）似乎更负盛名］以及意大利南部地区的不同仪式。

除在制度基础与社会习俗层面作历时性解读外，本书还试图去挖掘律师职业的首要职能：为实现权利与社会正义而斗争。律师往往是对这些最敏感的职业群体。律师的职责在 2012 年修订的《意大利律师职业条例》（Nuova Disciplina dell'ordinamento della professione forense）中也有规定，即在宪政国家中为捍卫权利而奋斗。这恰恰也是一场基于性别、种族、宗教信仰与政治信仰或是经济社会条件的歧视所进行的斗争。

因此，本书的内容从律师职业的所有潜能中凸显了律师职业自身的"贵族性"。这也是法学家们与律师们应当向作者致谢的另一个原因。

圭多·阿尔帕

罗马第一大学民法学荣休教授

意大利国家律师委员会前主席

刘禹呈（译）

罗马第一大学博士生

THE ORIGINS
OF THE
*ADVOCATUS*

# 序 二

收到黄美玲教授撰写的《律师职业的起源》书稿，甚是欢喜。如同读她的另一本大作《法律帝国的崛起：罗马人的法律智慧》一样，爱不释手，沉浸其中，一口气读完。

掩卷冥思：当下的律师同事们，特别是每天奔波于当事人与法庭之间的律师们，不正也或深或浅面对"信仰危机"？能有一本让我们暂时放下当下的读物，与自己的职业展开一场历史的对话、心灵的对话，难能可贵。相较于职业理想、人生忠告，"我们是谁？我们从何而来？"的哲理性反思，似乎更能让我们懂得我们的未来应该走向何处。

律师是一份职业。职业（profession）一词来自"表白信仰"（to profess）或者宣誓。宣誓这种仪式，意味着信仰、价值，更意味着责任。在古老而完备的罗马法中，法律掌握在祭司手中，是一种属于祭司的具有神圣性、宗教性的职责。而从这本书中，我们可以看到，律师的职业不仅神圣，而且古老。律师脱胎于古希腊的演说家，经过古罗马发达法学技术的训练和修辞学技巧的培训，经历了数个世纪，才成长为一份维护公民正当权益的职业，受到社会的认可和尊重。只有如此贴近地了解律师职业的历史滥觞，才能更加真实地体认到律师职业的使命感和尊贵感。

律师更是一门专业。律师以专业为本、专业见长、专业取胜。古希腊的辩护帮助人、演说写手与"职业原告"之所以未能成长为一门职业，说到底还是脱离了法律的专业根本。而以法律征服了全世界的罗马帝国，则提供了专业的土壤。以古鉴今，律师行业不仅要培养一批又一批的"学者型"律师，还要打造一支又一支的"工匠型"团队。学者型律师要求才高八斗，出口成章，理论扎实，结合实践；工匠型律师同样也应一丝不苟，一针见血，低调深刻，默默传承。在日理万机的执业实践中，专业律师始终不放弃研究、没忘记总结，惜时如金地成文、著作，并使之成为开拓业务、提高技能的重要手段。在"立功"中"立言"，又以"立言"而"立德"。

律师制度是中国法律制度的重要组成部分。黄美玲教授的研究硕果其实回答了一个大家都关心的问题：律师究竟是一种什么样的职业。历史告诉我们：律师不仅拥有良善与公正的技艺、熟练修辞与辩论的技巧，而且遵守完善的道德与行为规范，享有优待和高贵的社会地位。在历史中，律师既是法学家，又是修辞学家，还是辩论家。

"律师兴则法治兴。"面对当今世界百年未有之大变局，"信仰、信念、信心"尤为重要。作为公共法律服务的核心主体，广大律师当然应恪守职业道德，诚信服务，严格自律，为社会良心，做道德之师。树立正确的职业信仰，倡导并践行"厚德"的核心价值观，是律师的基本职业道德准则。"诚信"则是律师安身立命之本，拓展业务之源，是律师执业活动的生命线。如《欧洲律师行为准则》之规定：委托关系只有在律师真正具备良好名誉且正直诚信的情况下成立，对于律师而言，这些传统美德是律师执业应当承担的义务。

黄美玲教授的这本《律师职业的起源》，兼具知识性和趣味性。作者在法学的刻板和历史的枯燥中，不经意流露出一种学问大家的雅致和从容，随手处散发着一种女性学者的细腻与柔美。品读此书，你可以发现，既有生鲜的案例，又有生动的故事；既有鲜明的观点，更有鲜活的人物；既有高深的理念，还有动人的情节……于是引人入胜，手不忍释。

古人云："靡不有初，鲜克有终。"我们都应该不忘初心、牢记使命，才能够长风破浪，行稳致远。正可谓"士不可以不弘毅，任重而道远"。律师制度的发展，关乎中国法治的发展。让我们接续努力！

是为序。

吕红兵

中国人民政治协商会议全国委员会委员

中国共产党全国律师行业委员会委员

中华全国律师协会监事长

# 本书缩略语说明

| 缩写 | 全名 | 中文 |
|---|---|---|
| Arist. Ath. Pol. | Aristole, Athenaion Politeia | 亚里士多德《雅典政制》 |
| Arist. Pol. | Aristole, Politica | 亚里士多德《政治学》 |
| Arist. Rhet. | Aristole, Ars Rhetorica | 亚里士多德《修辞学》 |
| C. | Codex Iustinianus | 优士丁尼《法典》 |
| C. Th. | Codex Theodosianus | 《狄奥多西法典》 |
| Cic. Brut. | Cicero, Brutus | 西塞罗《布鲁图斯》 |
| Cic. Cael. | Cicero, Pro Caelio | 西塞罗《为凯留斯辩护》 |
| Cic. De Or. | Cicero, De Oratore | 西塞罗《论演说家》 |
| Cic. Div. Caec. | Cicero, Divinatio in Q. Caecilium | 西塞罗《反凯西留斯》 |
| Cic. Fam. | Cicero, Epistulae ad Familiares | 西塞罗《致亲友书》 |
| Cic. Leg. | Cicero, De Legibus | 西塞罗《论法律》 |
| Cic. Mur. | Cicero, Pro Murena | 西塞罗《为穆瑞纳辩护》 |
| Cic. Off. | Cicero, De Officiis | 西塞罗《论义务》 |
| Cic. Rep. | Cicero, De Republica | 西塞罗《论共和国》 |
| D. | Digesta Iustiniani | 优士丁尼《学说汇纂》 |
| Gai. | Gaius Institutiones | 盖尤斯《法学阶梯》 |
| Gel. | Aulus Gellius, Noctes Atticae | 奥卢斯·革利乌斯《阿提卡之夜》 |
| I. | Institutiones Iustiniani | 优士丁尼《法学阶梯》 |
| ILS | Inscriptiones Latinae Selectae | 《拉丁碑文铭文选》 |
| Liv. | Titus Livius, Ab Urbe Condita | 李维《自建城以来》 |
| N. | Novellae Constitutiones | 优士丁尼《新律》 |
| Pl. Men. | Plautus, Menaechmi | 普劳图斯《孪生兄弟》 |
| Pl. Mil | Plautus, Miles Glorious | 普劳图斯《吹牛军人》 |
| Quint. Inst. Orat. | Quintilianus, Institutio Oratoria | 昆体良《雄辩术原理》 |
| Suet. Rhet. | Suetonius, De Rhetoribus | 苏维托尼乌斯《修辞学家列传》 |
| Tac. Ann. | Tacitus, Annales | 塔西佗《编年史》 |
| Tac. Dial. | Tacitus, Dialogus de Oratoribus | 塔西佗《对话集》 |
| Vat. Fragm. | Vaticana Fragmenta | 《梵蒂冈残篇》 |

THE ORIGINS
OF THE
*ADVOCATUS*

# 目 录

导 论 ......................................................... 001

## I 第一部分
## 古希腊雅典城邦的法庭审判与演说家

第一章 ǀ "直接民主"时代的雅典"法治" ............ 019
第二章 ǀ "业余的"雅典法庭审判 ........................ 026
第三章 ǀ 演说家：辩护帮助人、演说写手与"职业原告" ... 039
第四章 ǀ 作为演说之术的"修辞学" .................... 054
小 结 ......................................................... 069

## II 第二部分
## 罗马共和国及帝国早期的诉讼代理：法庭演说家

第五章 ǀ 法学教育与司法诉讼的发展 .................... 075
第六章 ǀ 法庭辩护人 ........................................ 087
第七章 ǀ 演说家西塞罗与教育家昆体良 ................ 109
第八章 ǀ 演说与"荣誉"：法庭演说家的社会地位及薪资报酬 ... 120

第九章 | 法律的修辞还是修辞的法律：法庭演说术　130
小　结　142

## III 第三部分
罗马帝国中晚期律师职业的形成

第十章 | 罗马帝国中晚期的司法诉讼与法学教育　147
第十一章 | 法律职业"新贵"——律师　163
第十二章 | 律师职业规范的确立　179
小　结　199

## 结　语　201

## 附　录

附录一　安提丰演说词：《控告继母投毒》　207
附录二　吕西阿斯演说词：《论尼西阿斯兄弟的财产》（结语）　217
附录三　德摩斯提尼演说词：《反卡利普斯》　225
附录四　优士丁尼《法典》片段　237

参考文献　259

后　记　281

THE ORIGINS
OF THE
*ADVOCATUS*

# 导 论

"律师"是法律职业传统中对从业者最古老和最高尚的称呼之一。早在律师作为一种被认可的"职业"正式出现在法律规范中以前，古希腊和古罗马就已经存在一些"可以被视为"律师职业前身或者事实上已经承担法律顾问或辩护功能的社会群体：从古希腊时期因精通修辞技巧而协助辩护的"辩护帮助人"、为当事人准备法庭演说词的"演说写手"、以控告为谋生手段的"职业原告"，到古罗马共和国时期逐渐重视市民法知识的"法律顾问""诉讼代理人"，再到逐渐专业化的"法庭演说家"和最终在罗马帝国中晚期成型的律师团体。

不同于中国法律传统中失德积恶的"讼棍"形象，律师职业在西方法律传统中具有较高的社会地位，被认为是"用动听的嗓音作战，守卫着那些处于焦虑之中的人的希望、生活和未来"的

"战士"。[1]这与我国古代司法传统中命运多舛的"讼师"形成极大的反差。中国的法律传统历来轻视讼师这一职业团体,西法东渐之前的历代政府甚至常常通过贬损讼师来实现减少诉讼纷争、限制主张权利的目的。在无讼和息讼的法律文化里,并不承认法律职业辩护的正当性和合法性,早在宋代便有"讼师恶报"之说,甚至有"教唆词讼罪"对其进行禁止,在清代"讼师"更是被描绘成狡诈贪婪的"危险群体"。[2]而在实践中,也是直到19世纪初期伴随着外籍律师在中国租界内执业,律师制度才真正走进中国司法制度。[3]

在国外英美学者的相关研究[4]中,不少人认为"职业"起源于中世纪的大学和协会,因此古罗马时期并没有形成律师职业。国内大多学者也采纳了这一观点,认为"律师职业滥觞于12、13

---

[1] C. 2.7.14.

[2] 参见陈景良:《讼学与讼师:宋代司法传统的诠释》,载中南财经政法大学法律史研究所编:《中西法律传统》(第1卷),中国政法大学出版社2001年版,第201页及以后;霍存福:《唆讼、吓财、挠法:清代官府眼中的讼师》,载《吉林大学社会科学学报》2005年第6期,第129—137页;尤陈俊:《清代讼师贪利形象的多重建构》,载《法学研究》2015年第5期,第177—193页;尤陈俊:《"讼师恶报"话语模式的力量及其复合功能》,载《学术月刊》2019年第3期,第95—108页。

[3] 关于"律师"一词在中国的翻译与传播,请参见邱志红:《从"讼师"到"律师"——从翻译看近代中国社会对律师的认知》,载《近代史研究》2011年第3期,第47—59页。

[4] See James A. Brundage, *The Medieval Origins of the Legal Profession*: Canonists, Civilians, and Courts, the University of Chicago Press, 2008, p. 19; Roscoe Pound, *The Lawyer from Antiquity to Modern Times*: with Particular Reference to the Development of Bar Associations in the United States, West Publishing Co., 1953.

世纪的英国"[1]。无论西方原始法律文献中的"律师"（advocatus）是否承担着我们现代意义上完全一样的职业功能，罗马法中文献中的确出现了不少对律师团体的详细规定。倘若我们在历史文本中找到进一步的支撑材料，至少能够将西方律师职业出现的历史向前推进700年。

如果律师真的作为一门具有"组织性、学问性和公益服务性"[2]的职业产生于古罗马的话，那么我们不禁要追问它是"为何"和"如何"产生的。因为，无论在哪个时代、哪个地域、哪个国家，律师职业作为最基础的法律职业，在很大程度上都浓缩了不同社会的法律文化，并折射出其所处的法治环境。同时，无论在何种法律传统和政体形式中，法律职业化又都会反过来决定法治的趋势和成败。但是当下中国学界对于该问题的关注，往往是在中国法律传统文化的视角下解释讼师何以未能转变成一门正当的职业，或是经由英美法系中的社会经验和经典理论来勾勒我国法律职业的蓝图，鲜有从同根同源的大陆法系的历史经验中探究其

---

[1] 国内以英文文献作为主要参考文献的学者在论述律师职业的起源时，大多采纳了通说的观点。虽然大都承认"律师职业主义起源于西方"，但却以12、13世纪的英国作为论述起点。参见陈景良：《讼师与律师：中西司法传统的差异及其意义——立足中英两国12—13世纪的考察》，载《中国法学》2001年第3期，第144页及以后；李学尧：《法律职业主义》，载《法学研究》2005年第6期，第3页及以后；程汉大：《英国对抗制的起源》，载《山东警察学院学报》2007年第1期，第14页及以后；尤陈俊：《阴影下的正当性——清末民初的律师职业与律师制度》，载《法学》2012年第12期，第41页及以后。

[2] Roscoe Pound, What is a Profession—the Rise of the Legal Profession in Antiquiry, in *Notre Dame Law Review*, vol. 19, 1944, 204ss.

真实模样。

其实，对律师职业起源和发展进行制度史考查，不仅仅是为了描绘律师团体甚至是整个法律职业共同体的历史，同时也希望借此梳理权利辩护的历史和诉讼程序的历史，并彰显法律职业、诉讼机制与市民权利之间的联动关系。从法律史的角度分析律师职业的产生和发展，能够帮助我们了解古罗马时期的社会政治史和法律文化史，也能够为我们提供一种反观我国的独特视角，为对律师学理论展开体系性思考寻找可资利用的历史资源，从而把握律师制度发展的一般规律，为深化律师制度改革贡献历史才智，并为当下司法改革和国家治理中的法律职业化问题提供一定的历史经验。

**一、研究对象**

从研究对象来说，笔者就本书中即将出现的一些概念以及在不同语境中的含义做一个简单的介绍，便于读者理解。

古典拉丁文献中，最早承担辩护职能的通常是古希腊的演说家（oratorem），他们以"辩护帮助人"（συνήγορος）、"演说写手"（λογόγραφος）和"职业原告"（συκοφάντης）等身份出现在雅典法庭上。演说家泛指那些在古希腊公民大会中进行政治提议并且在法庭中进行公共诉讼的人[1]，他们通常以发表公共演说的方式积极参与城邦政治活动，从而获得民众的支持。古希腊的许多杰出

---

[1] 参见李尚君：《"演说舞台"上的雅典民主：德谟斯提尼的演说表演与民众的政治认知》，北京大学出版社 2015 年版，第 39 页。

政治人物，如梭伦（约公元前 638—前 559 年）、伯里克利（约公元前 495—前 429 年）、德摩斯提尼（公元前 384—前 322 年）等，都是城邦知名的演说家。[1]他们除用演说术来阐述自己的政治主张，赢得民众的投票外，还运用自己的修辞学技巧在民众法庭中说服陪审团，影响案件的裁决。

而在古罗马，最早由庇主（*patronus*）承担辩护的责任，专门的诉讼代表和诉讼代理人则出现得较晚一些。毫无疑问，是那些精通说服技术的演说家首先出现在了诉讼辩护的舞台上，成为具备一定法律知识的法庭演说家。例如，西塞罗就是罗马共和国时期最著名的演说家，他一生发表了无数法庭演说，是公认的"罗马第一律师"[2]。伴随着专业化程度的提高，罗马的法庭演说也不再仅限于言说的技巧，而是越来越多地关注到法律知识和技术在法庭辩护中的重要性。首先是法学家开始作为纯粹的法学顾问（*iuris consultus*）帮助当事人分析法律问题、提供诉讼意见，随后是代替应诉的诉讼代表（*cognitor*）和诉讼代理人（*procurator*）帮助当事人出庭辩护。直到司法制度高度发达、法律规范高度体系化的罗马帝国晚期，才产生真正职业意义上的"律师"。

有学者指出，"*advocatus*"在拉丁语中本来的词义并不是"律师"或者"诉讼辩护人"。其词源"*advocatum*"是动词 *advoco*、

---

1 See Michael Gagarin, *Demosthenes, Speeches 1-17*, University of Texas Press, 2011, p. 4.

2 Jonathan Powell and Jeremy Paterson, *Cicero the Advocate*, Oxford University Press, 2004.

advocāre（叫、呼唤的意思）的过去分词形式，由"ad-"和"vocātu(m)"两部分组成，意思是"召唤来……（做某事）"。因此，"advocatus"起初并不用来称呼那些在法庭上提供帮助的人，而是指被朋友、亲人或者解放自由人召唤过来，通过其出席来支持当事人一方观点的人或者是为当事人作证的人。[1]实际上，拉丁语中的"律师"（advocatus）相比较于前面其他几种诉讼保护人的称呼，确实出现在晚些时候的文献中：已知文献中，最早是在普布利乌斯·科尔涅利乌斯·塔西佗（Publius Cornelius Tacitus, 公元55—117年）的作品中，律师（advocatus）开始取代演说家（orator）的用法。[2]无论如何，在优士丁尼时代，"律师"的功能性含义已经非常接近我们现代意义上的律师，主要指那些既帮助顾客进行法律咨询又代表或者帮助他们出庭辩护的法律职业者。

这些职业群体尽管大多没有得到学者们的重点关注，但是却与罗马律师制度的形成有着紧密的联系，他们在希腊、罗马社会中部分地或者全部地承担着律师的职能，这都属于我们考察的范围。对他们的考察是对古代西方罗马律师制度进行正本清源的关键要素，也事关罗马律师职业历史内涵的界定。

---

1 因为起初的庇主仅以自己在法庭上的出席来帮助作为当事人的门客，并不必然为其进行辩护。See Fausto Giumetti, La Difesa in Giudizio: Spigolature Plautine, in *Studia et Documenta Historiae et Iuris*, 2012, 429ss.

2 Tac. Dial. 1.1.

## 二、研究文本

选题和主旨决定了本书的出发点必须是一手的原始法律文献,但是古罗马法学资料卷帙浩繁,所以笔者在研究之初仅选取了一部分集中涉及古希腊、古罗马律师职业的法学文本和文学文本,通过翻译和整理之后进行分析和研究。主要包括:

### (一) 法学文本

**1. 优士丁尼《民法大全》**

优士丁尼《民法大全》(*Corpus Iuris Civilis*)中提及律师的片段主要集中在《学说汇纂》(*Digesta*)、《法典》(*Codex*)和《新律》(*Novellae*)。

《学说汇纂》中的片段有:D. 1.16.9.5; D. 1.2.2.46; D. 2.1.17; D. 3.1.1.4; D. 3.1.8; D. 3.1.11; D. 3.3.74; D. 5.2.32; D. 6.1.54; D. 28.4.3; D. 38.2.14.9; D. 47.15.1.1; D. 47.15.3; D. 48.10.13.1; D. 48.19.9; D. 49.14.7; D. 50.2.3.1; D. 50.4.1.2; D. 50.13.1.9; D. 50.13.1.10; D. 50.13.1.11; D. 50.13.1.12; D. 50.13.1.13; D. 50.17.168 等。

《法典》中的片段有:C. 1.51.14; C. 2.6.6.pr; C. 2.6.6.2; C. 2.7.1; C. 2.7.2; C. 2.7.3; C. 2.7.4; C. 2.7.5; C. 2.7.6; C. 2.7.7; C. 2.7.8; C. 2.7.9; C. 2.7.10; C. 2.7.11; C. 2.7.12; C. 2.7.13; C. 2.7.14; C. 2.7.15; C. 2.7.16; C. 2.7.17; C. 2.7.18; C. 2.7.19; C. 2.7.20; C. 2.7.21; C. 2.7.22; C. 2.7.23; C. 2.7.24; C. 2.7.25; C. 2.7.26; C. 2.7.27; C. 2.7.29; C. 2.8.1; C. 2.8.2; C. 2.8.3; C. 2.8.4; C. 2.9.1; C. 2.9.2; C. 2.9.3; C. 2.10.1; C. 8.35.12 等。其中,第二卷第七章以"关于不同法庭中的律师"(*De Advocatis*

Diversorum Iudiciorum）为标题，共计 28 个片段（C. 2.7.1—C. 2.7.27、C. 2.7.29）；第二卷第八章以"关于国库律师"（De Advocatis Fisici）为标题，共计 4 个片段（C. 2.8.1—C. 2.8.4）；第二卷第九章以"律师以及那些提出诉讼和请求的人的错误"（De Errore Advocatorum vel Libellos seu Preces Concipientium）为标题，共计 3 个片段（C. 2.9.1—C. 2.9.3）；第二卷第十章以"法官应给当事人提供辩护律师"（Ut Quae Desunt Advocationi Partium Iudex Suppleat）为标题，共计 1 个片段（C. 2.10.1）。这四章共计 36 个片段对罗马律师制度进行了集中规定，包括执业资格、特权、任期等规范，相当于现今的律师执业规范。这在事实上说明，至迟在优士丁尼时期，罗马已经形成了完备的律师制度。

《新律》中的片段有：N. 20.7; N. 60.2; N. 80.1; N. 82.1; N. 90.4; N. 90.9; N. 124.1。

2.《狄奥多西法典》

《狄奥多西法典》（Codex Theodosianus，公元 429 年）是古罗马法律史上第一部官方编纂的法典，里面关于律师的片段主要集中在第二卷。

主要有：C. Th. 1.29.5; C. Th. 2.10.1; C. Th. 2.10.2; C. Th. 2.10.3; C. Th. 2.10.4; C. Th. 2.10.5; C. Th. 2.10.6.pr; C. Th. 2.11.1; C. Th. 2.12.1; C. Th. 2.12.3; C. Th. 2.12.4; C. Th. 2.12.5; C. Th. 2.12.6; C. Th. 10.15.1; C. Th. 10.15.2; C. Th. 10.15.3; C. Th. 10.15.4。这些片段在很大程度上为考察罗马帝国后古时期的司法状况提供了文

本依据。

3. 盖尤斯《法学阶梯》

公元 2 世纪的法学教师盖尤斯虽然没有在其作品中直接提及律师这个词，但第一次在罗马的法学文本中提到了两种承担律师职能的人，即盖尤斯《法学阶梯》（*Gaius Institutiones*）的片段 G. 4.83、G. 4.97 中提到的诉讼代表（*cognitor*）和片段 G. 4.84、G. 4.98 中提到的诉讼代理人（*procurator*），这是对罗马共和国时期律师职业进行分析的重要素材。

（二）文学文本

1. 德摩斯提尼的演说词

德摩斯提尼（Demosthenes，公元前 384—前 322 年）是公认的最伟大的雅典演说家，普鲁塔克在《希腊罗马名人传》中曾经将他与罗马的第一演说家西塞罗相提并论。[1] 他演说风格独特，辩护尖锐，逻辑清晰，对语言和情绪有很好的把控能力。德摩斯提尼留到后世的演说词作品众多，现存世共 61 篇。[2] 他的演说大多事关雅典政治，服务于其政治主张。比较典型的政治演说词有《第一奥林匹亚》（Olynthiac Ⅰ）、《论和平》（On the Peace）、

---

[1] 参见〔古希腊〕普鲁塔克：《希腊罗马名人传》，吉林出版集团有限责任公司 2009 年版，第 1582—1686 页。
[2] 参见王志超：《德摩斯梯尼与雅典对外政策》，中国社会科学出版社 2012 年版，第 49 页。德摩斯提尼的演说词被整理出版在洛布古典丛书中，总共 7 卷。See *Demosthenes, Orations*, vol. Ⅰ-Ⅶ, in Loeb Classical Library, Harvard University Press.

《关于与亚历山大条约的演说》（The Oration on the Treaty with Alexander）等 17 篇。本书主要分析其在法庭演说上的演说词，例如《反卡利普斯》（Apollodorus Against Callippus，参见附录三）、《论皇冠》（On the Crown）、《论不诚实的大使馆》（On the Embassy）、《反莱普提尼斯辞》（Against Leptines）等。

2. 安提丰的演说词

安提丰（Antiphon，公元前 480—前 411 年）是古希腊著名演说家。[1] 其演说词为现存最早的演说词，其中有 3 篇有关凶杀庭审：《赫罗多斯的被害》（On the Murder of Herodes）、《论歌舞队之舞者》（On the Choreutes）、《控告继母投毒》（Prosecution of the Stepmother for Poisoning，参见附录一）。

3. 吕西阿斯的演说词

吕西阿斯（Lysias，公元前 445—前 380 年）是古希腊职业演说家。[2] 吕西阿斯曾在著名修辞教师提西阿斯门下学习，后来在雅典讲授修辞学，并代人写诉讼演说词。他的演说词中已知的有 35 篇，如《论尼西阿斯兄弟的财产》（On the Property of the Brother of Nicias，参见附录二）。

---

1　See Gerard Pendrick, *Antiphon the Sophist: the Fragments*, Cambridge University Press, 2002.

2　See Lesley Adkins and Roy A. Adkins, *Handbook to Life in Ancient Greece*, Oxford University Press, 1988.

4. 亚里士多德的《修辞学》[1]

亚里士多德（Aristotélēs，公元前384—前322年）是古希腊哲学家，柏拉图的学生。他批评和发展地继承了柏拉图的修辞学理论，指出"修辞学是有用的，可以使真理和正义获得胜利；如果判决不当，那是由于演说者不懂修辞术"[2]，他还指责修辞学课本编纂者只重视法庭演说，只谈题外之物，教人如何打动陪审员的情感以求获得有利的判决，而对于作为修辞术本身的或然式证明却置之不理。《修辞学》是西方最早系统介绍修辞学理论的著作，为律师职业的辩护艺术提供了技术支撑。

5. 西塞罗的演说词和文学作品

西塞罗（Marcus Tullius Cicero，公元前106—前43年）是"罗马第一律师"，同时也是罗马共和国末期重要的政治家。西塞罗一生多产，为后世留下了诸多重要的法庭演说词。例如《为凯基纳辩护》（*M. Tulli Ciceronis Pro A. Caecina Oratio*）、《为昆克修斯辩护》（*Pro Publio Quinctio*）、《为阿迈利亚的洛司基乌斯辩护》（*Pro Sexto Roscio Anerino*）、《论土地法案》（*De Lege Agraria Oratio Prima, De Lege Agraria Oratio Secunda, De Lege Agraria*

---

[1] 参见〔古希腊〕亚里士多德：《修辞学》，罗念生译，上海人民出版社2006年版。

[2] 〔古希腊〕亚里士多德：《修辞学》，罗念生译，上海人民出版社2006年版，第6—7页。

*Oratio Tertia*）等¹，其作品中最出名的为《反喀提林》(*Oratio In Catilinam*)。² 这些演说词大部分是西塞罗在作为律师出庭时为当事人所做的辩护，或者代表当事人发起的控诉，被收录在《西塞罗全集》中。同时，他还有很多重要的文学作品也是笔者研究的对象，包括《论共和国》《论法律》《论义务》《论演说家》等。

6. 昆体良的《雄辩术原理》

昆体良（Marcus Fabius Quintilianus，约公元35—100年）是罗马帝国时期杰出的演说家、教育家，他是罗马第一位享有俸禄的修辞学教授，其著作《雄辩术原理》(*Institutio Oratoria*)对罗马帝国时期的演说术教育和律师职业的形成有很大影响。在其著作中，法庭辩论的内容占据了最大的篇幅。可见，这时的演说术已经不再是演说家的演说技巧，而是专为在法庭上的律师服务的一种工具。³

---

1 还如《反凯西留斯》《控威尔瑞斯——一审控词》《控威尔瑞斯——二审控词》《关于任命庞培的演说》《为克伦提乌辩护》《为拉比利乌辩护》《反喀提林》《为穆瑞纳辩护》《为苏拉辩护》《为福拉库斯辩护》《为诗人阿尔基亚辩护》《向元老院致谢》《向人民致谢》《对祭司团的演讲》《论占卜者的反应》《为普兰西乌辩护》《为塞斯提乌辩护》《对证人瓦提尼乌的盘问》《为凯留斯辩护》《关于给卸任执政官指派任职行省的演说》《为巴尔布斯辩护》《为米罗辩护》《反庇索》《为斯考鲁斯辩护》《为封泰乌斯辩护》《为马凯鲁斯辩护》《为利伽里乌辩护》《为国王戴奥塔鲁斯辩护》《反腓力辞》等。

2 参见〔古罗马〕西塞罗：《西塞罗全集·演说词卷》（上），王晓朝译，人民出版社2008年版，第781页。

3 参见〔古罗马〕昆体良：《昆体良教育论著选》，任钟印选译，人民教育出版社2001年版，序言。

### 三、研究目标与思路

本书的目标是从法律、历史与社会的多元视角来研究律师职业的起源。其一，找出律师职业在古代西方社会生成和发展的关键要素。古希腊时期已经出现了对抗式的法庭审理，但是未能形成一门固定有序的职业。罗马共和国时期，各种不同的自由职业者分担着现代意义上的律师功能，却没有得到社会的认可。直到罗马帝国时期，才形成真正意义上的律师职业。了解律师职业在古罗马社会得以形成和发展的关键要素，如法律知识和辩护技术等，能够对我国律师制度改革有所启示。其二，论证司法诉讼制度的演进对律师职业的影响。古罗马社会司法诉讼制度经历了从法律诉讼到程式诉讼再到非常诉讼的演进，同时也对审判模式和诉讼参与人不断提出新的要求，这对律师职业活动产生了直接的影响。其三，揭示古罗马社会法律职业演进的内在机制和复杂关联，尤须结合审判模式、法律貌状以及与其他法律职业团体之间的互动关系，挖掘背后的历史和社会原因，从而为律师职业发展的配套制度进行理论分析。

基于此，本书的论证进路是：

（1）第一部分：古希腊雅典城邦的法庭审判与演说家。

古希腊雅典的直接民主并没有为任何法律职业的产生留下空间，但是其修辞学的产生却为法律职业的核心技术——演说术奠定了基础。全民参与的雅典法治构建了一个完全业余的雅典审判法庭，主持庭审的行政官员、发起诉讼的当事人以及进行裁决的陪审团都不具备专业的法律素养。但是法庭之外,却诞生了演说写手、"职业原告"等具有类似职业功能的演说家,更重要的是,产生和发展了作为律师之学核心技术的修辞学,为后面古罗马时期律师职业的产生提供了技术上的支撑。

(2)第二部分:罗马共和国及帝国早期的诉讼代理:法庭演说家。

罗马共和国及帝国早期,产生了诉讼代表和诉讼代理人,催生了大量既拥有修辞演说技巧又具备一定法律知识的法庭演说家,法庭演说术为律师职业的产生提供了重要的技术支撑。由于古罗马诉讼模式从程式诉讼到非常诉讼的变更,原先的法律审和裁判审两个阶段的划分不复存在。整个诉讼活动都在专门的执法官的主导下进行,不再存在由当事人挑选的私人审判员,也不再要求必须由双方当事人出庭。一方面,负责案件审判的法官由精通法律知识的人担任,并且诉讼活动必须以书面形式进行,这就意味着当事人进行诉讼必须要具备一定的法律知识。另一方面,由于不再要求双方当事人出席庭审,代理活动愈加频繁,代理需求提升。法律顾问和演说家在专业上的合作,进一步推进了法庭演说术的发展。

(3)第三部分:罗马帝国中晚期律师职业的形成。

到罗马帝国中晚期,律师这一术语具有了法律咨询者、法庭辩护人等含义,而且拥有了团体及其行为规范。从优士丁尼《民法大全》中的众多片段可以看到,这一时期的律师有特殊的准入标准、统一的注册要求以及专门的行为道德规范，优士丁尼《法典》中还以专门章节规定了不同类型、层级的律师及其权利义务。美国著名的罗马法学家、密歇根大学古典学与罗马法教授布鲁斯·W. 弗莱尔（Bruce W. Frier）在对2016年出版的英文版优士丁尼《法典》第二卷第七章标题中的"律师"进行注释时指出："这一章主要涉及高级庭审律师，也就是辩护律师团体，这是一个有点类似于出庭律师协会的团体，他们依附帝国东部诸多大城市的主要法庭，并且在帝国后期变得高度组织化。"[1]

（4）结论。

作为一门高贵的职业，律师职业产生于法律高度发达的古罗马，这是完备的法律体系与先进的权利意识等要素合力作用的成果。在中国当前司法改革的背景下，我们该如何认识律师职业和发展律师制度，挖掘其历史素养以回应瞬息万变的法律世界，是我们在研究之外需要深思的问题。比较古希腊和古罗马的法律职业环境其实可以发现：保障法律正义、维护公民权利是律师职业产生的初衷，也必须成为律师职业的行为和道德准绳。

---

[1] Bruce W. Frier, *The Codex of Justinian*, Cambridge University Press, 2016, p. 455.

# I

# 古希腊雅典城邦的法庭审判与演说家

德摩斯提尼
大英博物馆

律 师 职 业 的 起 源
THE ORIGINS OF THE ADVOCATUS

菲罗克勒翁这样描述："……我随即进入法庭。进去以后，我却不按照诺言行事。然而我还是倾听他们的每一句请求无罪释放的话。让我想一想，哪一种阿谀的话，我们陪审员没有听见过？有人悲叹他们很穷，在实际的苦难之上添枝加叶，把自己说成同我一样；有人给我们讲神话故事；有人讲伊索的滑稽寓言；还有人讲笑话，使我们发笑，平息怒气。要是这些手法打不动我们的心，有人立即把他的小孩，男的女的，拖进来；我只好听啊！他们弯着腰，咩咩地叫；他们的父亲浑身发抖，像求神一样求我怜悯他们，对他的罪行免予审查。"[1]

——阿里斯托芬《马蜂》

---

1 〔古希腊〕阿里斯托芬：《云·马蜂》，罗念生译，上海人民出版社 2006 年版，第 161 页。

# 第一章

"直接民主"时代的雅典"法治"

雅典作为城邦（*polis*）自治共同体，以其"民主政治"而著称，在其独特政治体制的巨大作用下，诞生了一系列有影响力的创造，从而造就了辉煌的古希腊文明。然而让人疑惑的是，古希腊人虽然在智力上远远超过罗马人，而且其民主政治的直接目标也是建立一套公正平等的法律体系，但是在法治结果上却远不及古罗马。作为欧洲文明摇篮的古希腊，它并没有在西方现代制度和法学领域留下浓墨重彩的篇章，甚至各个城邦之间都存在着巨大的制度差异，并不存在统一的政权和法律。

倘若不是研究法律职业，或许我们很难把古希腊作为一个单独的历史阶段纳入某种具体法律制度考察的范畴，实际上就连专门研究希腊法律的学者们，也对是否能将其作为具有价值的法律史阶段来研究持有保留态度。但是，古罗马的历史学家李维很早就提到，即使是奠基了西方法律历史的古罗马人也曾派人"前往希腊学习希腊人的制度、习俗和法律"[1]。现代学者将辩护制度的历史追溯到古希腊时期的也不在少数，甚至有观点认为刑事辩护制度恰恰滥觞于古希腊。无论如何，从来没有人会忽视古希腊的演说词在法庭辩论历史上的重要地位。当谈及律师职业的核心技术"公共演说术"时，现代学者都会一致地将其溯源至古希腊的修辞学。[2]

本部分选择的历史文本是古希腊最著名的城邦雅典，主要时间段是公元前 508 年克里斯提尼改革至公元前 322 年马其顿人征服雅典期间。这一时期的雅典城邦法至少是整个古希腊政治文化的典型代表。而且，作为本书主要研究对象之一的雅典演说家[3]

---

[1] Liv. 3.31(4).

[2] 参见舒国滢：《西方古代修辞学：辞源、主旨与技术》，载《中国政法大学学报》2011 年第 4 期，第 33—52 页；徐国栋：《修辞学校在罗马的兴起与罗马的法学教育》，载《河北法学》2014 年第 1 期，第 22—31 页；徐爱国：《法学知识谱系中的论题修辞学——〈法学的知识谱系〉前传》，载《中国法律评论》2021 年第 2 期，第 149—162 页。

[3] 国内外对雅典的演说家和演说词都有着比较广泛的研究，例如，王晓朝：《论古希腊修辞学的发展与朴素辩证思维的诞生》，载《杭州大学学报（哲学社会科学版）》1992 年第 2 期，第 105—111 页；李尚君：《表演文化与雅典民主政治——以政治演说为考察对象》，载《世界历史》2009 年第 5 期，第 95—102 页；舒国滢：《亚里士多德论题学之考辨》，载《中国政法大学学报》2013 年第 2 期，第 5—40 页；李尚君：《"演说舞台"上的雅典民主：德谟斯提尼的演说表演与民众的政治认知》，北京大学出版社 2015 年版；蒋保：《古希腊演说研究》，中央编译出版社 2020 年版；George Kennedy, *The Art of Persuasion in Greece*, Princeton University Press, 1963；Stephen Todd, The Use and Abuse of the Attic Orators, in *Greece & Rome*, 1990, vol. 37, pp. 159-178；L. Rubinstein, *Litigation and Cooperation: Supporting Speakers in the Courts of Classical Athens*, Stuttgart, 2000；Edwin Carawan, *Oxford Readings in Classical Studies: the Attic Orators*, Oxford University Press, 2007.

为后面欧洲法律与诉讼的发展做出了巨大的贡献,尤其是这一群体在学理上的思辨和法逻辑上的造诣,为古罗马职业律师的产生提供了重要的技术支撑。因此,本章更加关注的是,雅典的法庭审判以及法庭参与人在何种程度上给法律发展史提供了智识的营养。

在迈锡尼文明消失以后,古希腊在经历"荷马式软弱的君主政体"和寡头政治后形成了闻名后世的"雅典城邦"。顾准先生甚至认为,城邦制度是古希腊政治科学的既存前提。[1]亚里士多德在《政治学》中这样解释城邦制度:"城邦不论何种类型,其最高权力属于公民集体,公民集体实际上就是城邦制度。"[2]也就是说,公民既是城邦的主人,也是城邦本身。

城邦的最高治权属于公民集体,公民大会是国家最高权力机关[3],城邦赋予并保障全体公民直接参与国家管理与进行决策的权利。然而,雅典体制中公民大会的权力也是经过了长期的斗争才获得的。首先是奠基者忒修斯提出实行部落联盟向城邦过渡,并且建立议事会和行政机构。尽管仍然由贵族担任要职,但是农民和手工业者也可以在公民大会中拥有一席之地。基伦暴动后,雅典贵族慑于平民压力,于公元前621年颁布了第一部成文法——

---

[1] 参见顾准:《顾准文集》,民主与建设出版社2015年版,第6页。
[2] 〔古希腊〕亚里士多德:《政治学》,吴寿彭译,商务印书馆1965年版,第129页。
[3] 参见晏绍祥:《古典民主与共和传统》(上卷),北京大学出版社2013年版,第7—8页。

《德拉古法典》,即将原有的惯例、习惯法用文字形式加以记录,不再可以任意解释,使得贵族为己牟利、徇私枉法的行为受到限制与约束。公元前594年的梭伦改革中又规定"设立四百人议会和陪审法庭的政权机构",从而打破了传统的贵族司法垄断。在伯里克利(公元前495—前429年)时代,随着雅典的民主政治达到鼎盛,公民大会才掌握了立法、行政、司法等重要权力。伯里克利在阵亡将士国葬典礼上的演讲中说:"我们的制度之所以称为民主政治,因为政权是在全体公民手中,而不是在少数人手中。解决私人争执的时候,每个人在法律面前都是平等的。"[1] 显然,伯里克利眼中的民主并不深究权力的配置等深层次问题,而只是从形式上考察民众权力的实现。

这一时期雅典城邦的所有事务都由公民轮值担任,即"轮番为治"[2]。亚里士多德甚至直接将公民定义为"有权担任陪审团成员的人和公民大会的参会者"[3]。实质上,这种体制要求公民尽可能地参与城邦的管理,所有的诉讼活动更多的是全民修辞和辩论。因此并没有给法律活动的职业化留下空间,也未能出现专业的法官

---

[1] 〔古希腊〕修昔底德:《伯罗奔尼撒战争史》(上册),谢德风译,商务印书馆2016年版,第147页。

[2] 沈瑞英、杨彦璟:《古希腊罗马公民社会与法治理念》,中国政法大学出版社2017年版,第19—20页。

[3] 〔古希腊〕亚里士多德:《政治学》,吴寿彭译,商务印书馆1965年版,第111页。

或律师。[1]不过,苏格拉底和柏拉图并不看好这种模式,他们也认为政治艺术的主要职能在于使人变得更好,而这需要职业训练。[2]苏格拉底就曾批评,雅典民主制的主要缺陷是由抽签这种带有偶然性的方式产生的公职人员并不够格。他还讥笑称"以所谓民主决定把无知的人变成统帅"[3]。甚至有一次,他在讲到"马匹不足"时建议把这个问题提交公民大会,用表决方法把驴变成马。[4]

雅典城邦中的民主实际上对于公民也有一定的要求,不允许任何人对其利益漠不关心。例如,在出现争执时,雅典法律不允许任何人保持中立,人都必须站在某一立场上反对另一方;凡试图保持中立、不站在任何一边、保持安静者,法律将给予严惩,没收其财产并予以流放。[5]这种全民参与式的法律活动方式,确实在某种程度上有效防止了个别官吏滥用职权,但是却无法从整体上防止政府的决策失误和违法行为。因为,一旦公民集体内部的团结因某种原因遭到破坏,或多数公民一时受到欺骗,就不可避免地会发生不按法律办事的情形,从而导致公民大会成为"集体

---

1 参见徐爱国:《法治理念:从古典到现代》,载《民主与科学》2018年第1期,第32—34页。

2 See H. D. F. Kitto, *The Greeks*, Penguin Books, 1991, p. 128.

3 沈瑞英、杨彦璟:《古希腊罗马公民社会与法治理念》,中国政法大学出版社2017年版,第164页。

4 参见〔苏联〕涅尔谢相茨:《古希腊政治学说》,蔡拓译,商务印书馆1991年版,第120页。

5 参见〔法〕菲斯泰尔·德·古朗士:《古代城市:希腊罗马宗教、法律及制度研究》,吴晓群译,上海人民出版社2011年版,第248页。

僭主"。[1]

雅典民主政治及其城邦结构既是法治发展的核心要素，同时又成为有机变量。因为它一方面使法律成为捍卫民主的最有力武器，但另一方面又可能使法律成为迎合舆论和政治的工具。当法律囿于政治因素而不能得到民主的支撑时，法律规则就会因为"民主的暴力"而被迫蒙羞。许多在雅典的黄金年代因为雅典的民主和法治慕名而来的著名学者，如阿那克萨戈拉（Anaxagoras，约公元前500—前428年）、普罗泰戈拉（Protagoras，公元前481—前411年）、菲狄亚斯（Phidias，约公元前480—前430年）等，就是在"法律"的名义下遭到迫害甚至被逐出雅典。苏格拉底则因政见不同、触犯言论思想罪，被受舆论偏见影响的民众表决判处其死刑。[2] 也就是说，雅典民主并没有必然地促进法律的发展和正义的实现，反而让法治具有了不确定性。

受到雅典民主政治实践的巨大影响，说服性演说作为一个独特的领域迅速在城邦政治民主生活中兴起。因为，在辩论和演说中掌握话语权，也就取得了政治上的优势。公共演说在军事政策和司法判决中也自然具有了重要的地位。正如法国学者韦尔南在谈论希腊思想起源的时候所言："话语成为重要的政治工具，成

---

1 参见安庆征：《古代雅典的民主与法治》，载《世界历史》1989年第4期，第158页。
2 参见沈瑞英、杨彦璟：《古希腊罗马公民社会与法治理念》，中国政法大学出版社2017年版，第164—165页。

为国家一切权力的关键，成为指挥和统治他人的方式。"[1]

因此，城邦体制下的雅典人并没有将司法职能与政治职能区别分离，公民大会成为实施直接民主的主要机关。公民大会决策司法也成为最原始的"法治"状态。这是一种仍然停留在以当事人为主导的私力救济模式的法律体系，其重要特征就是让"每个公民都有权处理另一个公民的案件，并为他主持正义"[2]。因为民众通过直接参与审判和行政管理监督，可以更加切身地感受到完全意义上的民主权力。在司法实践中，民众法庭或公民大会审理缺乏专职法官，由于是公民抽签选举，所以通常由不懂法律甚至不识字却有主宰权的雅典公民担任陪审员判案裁决。演说家和政治家滔滔演说、煽情鼓动，正义感或抽象"公正"往往被当作认定事实和审判的标准。[3]受情感所引导的公民舆论在很大程度上主宰了判决的走向，法治仅仅成为一种理想。

---

1 〔法〕让-皮埃尔·韦尔南：《希腊思想的起源》，秦海鹰译，生活·读书·新知三联书店1996年版，第37页。
2 苗延波：《法治的历程》，新华出版社2016年版，第181页。
3 参见沈瑞英、杨彦璟：《古希腊罗马公民社会与法治理念》，中国政法大学出版社2017年版，第165页。

# 第二章

## "业余的"雅典法庭审判

著名的历史学家汉森认为,如果原则上想让所有公民都能发挥平等的作用,就必须遏制由政治倡议发起者和行政官形成职业集团的苗头,因为如果部分人是门外汉而另一部分人是专门人才,那么专门人才总会占尽上风,使得民主体制蜕变为寡头政体。这个基本原则被应用到了每个涉及法律官司或审判的雅典人身上。[1] 因此,雅典法庭[2] 对法律人的职业化充满了敌意,甚至决不允许专业人士或者内行参与诉讼过程。当然,在特别重要的案

---

1 See Mogens Herman Hansen, *The Athenian Democracy in the Age of Demosthenes*, translated by J. A. Crook, Bristol Classical Press, 1999. 中文译本请参见〔丹麦〕摩根斯·赫尔曼·汉森:《德摩斯提尼时代的雅典民主》,何世健、欧阳旭东译,华东师范大学出版社 2014 年版,第 241 页。

2 关于古代雅典的法律制度,请参见 Arnaldo Biscardi, *Diritto Greco Antico*, Giuffrè, 1982, 264ss.; Michael Gagarin, *Early Greek Law*, University of California Press, 1989; Michael Gagarin and David Cohen(eds.), *The Cambridge Companion to Ancient Greek Law*, Cambridge University Press, 2005; Adriaan Lanni, *Law and Justice in the Courts of Classical Athens*, Cambridge University Press, 2006。

件中，我们偶尔也能看到一些专业人士的参与，但绝大多数都不是职业人士。因为在雅典人看来，只有将整个法治体系设计成便于业余者参与的体系，才能保证所有公民的参与。雅典人更愿意让作为纠纷裁判的陪审员来酌情裁决，以体现所谓"民主"，因为这些不懂法律的人更能代表那些对立于精英阶层的平民，并且在没有法律的时候对法律进行解释和补充。[1]

雅典的法庭并不像罗马一样有固定的场所，审判有可能在整个城邦的各个建筑中进行。但是有一点需要注意，无论是公共诉讼还是个人诉讼，雅典的法庭都承担着不可替代的教育者角色。也就是说，每一次判决结果都会教导城邦公民什么行为是可以接受的，什么行为是不可以接受的。

汉森将雅典的法庭审判比喻成一出"三人剧"，发起诉讼的当事人、进行裁决的陪审团以及主持庭审的行政官员都由"业余演员扮演"。[2] 当事人、审判员和执法的行政官员都不是法律专业人士，甚至可能是彻头彻尾的外行，其目的只是保证雅典人单纯的"民主执法"的愿望。尽管如此，修昔底德却提到，雅典城邦的人民对于诉讼是非常狂热的，甚至有人嘲笑雅典人的诉讼案件比其他所有希腊人的加起来还要多。按照汉森的研究，雅典人一年开庭的时间从175天到225天不等，每天可能有4个到40个

---

[1] 参见徐爱国：《法治理念：从古典到现代》，载《民主与科学》2018年第1期，第32—34页。

[2] See Mogens Herman Hansen, *The Athenian Democracy in the Age of Demosthenes*, translated by J. A. Crook, Bristol Classical Press, 1999, p. 180.

案子被开庭审判。[1] 阿里斯托芬也常常在自己的作品中嘲笑雅典人对诉讼的热衷,他的作品《鸟》(27—48)甚至生动地描述了雅典公民对于参加民众法庭活动的积极性:

> 我们的病跟游牧人相反;他没有国家,硬要取得公民权,我们是国家公民,有名有姓,也没人吓唬我们,可是我们迈开大步,远离家乡,并不是讨厌这个国家,它又强大,又富足,谁都能随便花钱;就是一样,那树上的知了叫个把月就完了,而雅典人是一辈子告状起诉,告个没完;就因为这个,我们才走上这条路,路上带着篮子、罐子、长春花,游来游去,找一个逍遥自在的地方好安身立业。[2]

### (一)诉讼当事人

根据诸多文献记载,雅典的诉讼发起程序采用"原告制",即由寻求裁决的诉讼当事人启动司法程序。每项起诉都必须由一名普通公民代表自己或公众利益提出并完成,并不设立国家公诉人。尽管原告和被告在绝大多数情况下都是纯粹的业余人士,但是"当事人都必须亲自出庭进行辩护",不允许辩护代理,除非该项起诉涉及代理人本人的利益。[3] 最早的时候,只允许受害方发起诉讼,梭伦改革后允许公民因为公共利益或者正义帮助而代表

---

1　See Mogens Herman Hansen, *The Athenian Democracy in the Age of Demosthenes*, translated by J. A. Crook, Bristol Classical Press, 1999, pp. 186-187.

2　〔古希腊〕阿里斯托芬、〔古罗马〕普劳图斯、〔古罗马〕维吉尔:《鸟·凶宅·牧歌》,杨宪益译,上海人民出版社 2019 年版,第 9 页。

3　John A. Crook, *Legal Advocacy in the Roman World*, Duckworth, 1995, p. 33.

受害方提出控告。[1]但是同时也规定控诉权不得滥用，如果公共诉讼（graphe）中的控告人提出的指控不能获得陪审团表决五分之一以上的赞成票数，他将被处以 1000 德拉克马的罚款并被剥夺部分公民权。[2]

当事人必须亲自出庭，控辩双方都必须亲自出席案件审理的全过程。按照昆体良的论述，花钱雇人充当法庭辩护人是违反法律规定的行为。[3]控告人与被控告人、原告与被告需要在固定时间内对赞成意见与反对意见进行相互论证，并用叫作"水钟"（klepsydra）的工具计时。在案件审讯的过程中，诉讼当事人的演说时间并不长，双方论证之后还需要依据古希腊法律规定进行各自的独立陈述。[4]当事人可以自由地（至少在理论上自由地）使用他自己的方式阐述案情和解释案件，这对整个城邦至关重要。[5]但是他们必须以平实的方式向法庭陈述导致法律纠纷的问题所在，特别是在重要的公共案件中，诉讼当事人必须直接陈述案情，而法庭演说环节是在讨论犯罪行为的时候才开始的。

---

1　Arist. Ath. Pol. 9.1.

2　Demosthenes 53.1.

3　Quint. Inst. Orat. 2.15.30.

4　参见〔德〕乌维·维瑟尔：《欧洲法律史：从古希腊到〈里斯本条约〉》，刘国良译，中央编译出版社 2016 年版，第 38 页。

5　See Lene Rubinstein, Differentiated Rhetorical Strategies in the Athenian Courts, in Michael Gagarin and David Cohen(eds.), *The Cambridge Companion to Ancient Greek Law*, Cambridge University Press, 2005, pp. 135-136.

在作意见陈述的时候，当事人必须自己提出意见，而不能通过律师或者代理人来代为完成。不过，当事人似乎可以在获得民众法庭同意后，将自己的陈述时间分配一点给作为辩护帮助人的亲属或朋友以帮助发言，但是绝对有区别于法庭上的诉讼代理人。在政治审判时，这种辩护帮助人甚至可以有多名。公元前4世纪，出现了一种靠为他人撰写法庭演说词而谋生的职业，即演说写手，但是由于违背雅典民主的本质而没有获得社会地位。另外，为了保障每个不法分子都可以得到审判，法庭上还允许甚至鼓励"职业原告"利用自己的公民起诉权发起诉讼。这三类人我们将在第三章详细介绍。

## （二）民众法庭

按照亚里士多德在《雅典政制》中的描述：在雅典的法律体系中，由公民大会和民众法庭（*dikasteria*）共同行使权力，公民大会是立法机关，民众法庭则负责裁决。就法庭审判而言，案件的最终结果不是由某个专职法官裁判，而是由数百甚至上千人组成的庞大陪审团共同决定。[1] 这个陪审团即被称为民众法庭，是对等于公民大会和议事会的国家机构，也是雅典民主政治的重要标志。

---

1　Arist. Ath. Pol. 130a.11–12; Ath. Pol. 53.3; Ath. Pol. 68.1.

关于民众法庭的设立时间，学界的观点并不一致。[1]根据亚里士多德的《雅典政制》的记载，民众法庭由梭伦设立；斯坦利（Stanley）认为是厄菲阿尔特和伯里克利创立了民众法庭；[2]约翰·索利则提出民众法庭由克里斯提尼进行民主改革时所设。虽然存在诸多分歧，但可以确定的是，大概在公元前5世纪中期或者稍晚一点的时间，民众法庭从一个单独的国家审判机构"Heliaia"转变而来，其目的是分担公民大会无法应付的诸多案件。作为公民行使审判权和接受民主训练的场所，民众法庭的职权在历次政治改革中不断扩大。民众法庭不仅逐渐代替了行政官员对案件的审理，而且也分享了贵族元老院的司法权力，成为雅典城邦主要的司法决策机构[3]，几乎拥有对一切刑事案件和民事案

---

[1] 丹麦哥本哈根研究中心的著名学者汉森认为，梭伦改革创建起来的一个单独的国家机构叫作"Heliaia"，和公民大会并列，并不附属于公民大会，是由抽签选举的陪审员组成的。Heliaia 在古风时期曾是唯一的法庭，其他行政官有案件需要审理时就从司法行政官那里临时借来一用。Heliaia 能够被分成不同的法庭审理案件，到了演说家时代，Dikasteria（民众法庭）这个术语才替代了 Heliaia。哈蒙德认为是伯里克利完成了从 Heliaia 到 Dikasteria 的转变。约翰·索利却提出是克里斯提尼改革促成了民众法庭这种形式上的改变。由于梭伦的司法改革措施没有留下直接的史料证据，西方学者的结论往往建立在词源学考据以及对铭文和演说词进行推论的基础上，所以这一问题仍无定论，有待进一步研究。参见 N. G. L. Hammond, *A History of Greece to 322 B. C.*, 3rd Edition, Oxford University Press, 1986, p. 301；〔英〕约翰·索利：《雅典的民主》，王琼淑译，上海译文出版社 2001 年版，第 36 页。

[2] See Stanley B. Smith, *Transactions and Proceedings of the American Philological Association*, 1925, vol. 56, pp. 106-119.

[3] See Christopher Rowe and Malcolm Schofield, *The Cambridge History of Greek and Roman Political Thought*, Cambridge University Press, 2000, pp. 131-134.

件的管辖权，并兼有部分立法权。[1]它不仅处理私人之间的法律纠纷、刑事案件，而且进行政治审判，同时包揽了许多诸如监督拍卖公共建设工程、见证公开拍卖罚没财产等行政职责。[2]亚里士多德认为民众法庭"对于加强民主做出了最大贡献"。

成为民众法庭的陪审员必须要满足如下条件：

（1）年满30周岁。陪审员通常从30周岁以上、没有国库债务的雅典全权公民中抽签选举产生。[3]因为古希腊人认为，男人在壮盛时期（30～35岁）可以接替老父的事业。[4]作为有着良好信誉的普通城邦公民，陪审员被认为没有必要经过特殊训练就可以对法律纠纷进行裁决。相反，将一个经过专门培训的独立法官或者训练有素的辩护人引入法庭的诉讼程序，会被视作对公民的直接民主权利的侵扰。[5]

（2）通过抽签遴选。雅典城邦的民众法庭由6000名公民组成，通常是十个选区各选出600名。为了防止不公，陪审员并没有固

---

1 参见沈瑞英、杨彦璟：《古希腊罗马公民社会与法治理念》，中国政法大学出版社2017年版，第82页。

2 See Mogens Herman Hansen, *The Athenian Democracy in the Age of Demosthenes*, translated by J. A. Crook, Bristol Classical Press, 1999, pp. 179-180.

3 参见〔古希腊〕亚里士多德：《雅典政制》，日知、力野译，商务印书馆1999年版，第66页。

4 参见〔古希腊〕亚里士多德：《政治学》，吴寿彭译，商务印书馆1965年版，第398页。

5 See Harvey Yunis, The Rhetoric of Law in Fourth-Century Athens, in Michael Gagarin and David Cohen(eds.), *The Cambridge Companion to Ancient Greek Law*, Cambridge University Press, 2005, pp. 195-196.

定具体的审判岗位，而是在审理案件的当天通过抽签的办法确定。希望成为陪审员且符合条件的人，可以在每年年初参加报名抽签。陪审员的任期为一年，不得连选。不同的案件有不同规格的陪审团，陪审员的人数也不同，一般刑事案件视情况由 501～1501 人的陪审法庭审判；民事案件则由 201 人的陪审法庭审理[1]，当案值超过 1000 德拉克马时，陪审团人数就会增至 401 人[2]。这样的人数规模几乎可使雅典城邦公民在一生中至少被选任一次。

被抽中者必须登上城外的阿托斯山丘，参加就职宣誓仪式，方可成为民众法庭成员。宣誓内容如下：

> 我将根据公民大会及五百人会议通过的法令投票。之于无法可循的案例，我将尽我所能作最佳裁判，不偏不倚。我将仅就该法内容投票判决。我将公平无私、听取原、被告双方的证词。[3]

获得资格的陪审员还可以获得一张作为资格证明的"陪审员证"。据说，起初这种票证是木制的，到公元前 4 世纪改为铜制，上面印有陪审员的全名及神鸟猫头鹰符号的正式公印。

在当事人陈述完成后，法庭不再讨论，直接进入表决阶段。即陪审团成员以无记名投票的方式进行表决，原告和被告中得票

---

1 参见沈瑞英、杨彦璟：《古希腊罗马公民社会与法治理念》，中国政法大学出版社 2017 年版，第 82 页。

2 See Mogens Herman Hansen, *The Athenian Democracy in the Age of Demosthenes*, translated by J. A. Crook, Bristol Classical Press, 1999, p. 187.

3 〔英〕约翰·索利：《雅典的民主》，王琼淑译，上海译文出版社 2001 年版，第 39 页。

多的一方获得胜诉。整个庭审过程中,并没有现代意义上的法官主持和查问证人证言等环节,当事人连续地陈述事实之后,审判员即刻作出判决。这种裁决方式既没有陪审团的讨论和合议,也没有对裁决理由的说明。陪审团成员通常依据自己认定的事实或理由投票表决,或者通过在瓮中投放铜饼或鹅卵石来判定有罪或无罪。他们没有受过任何专业法律训练,审理裁判由一些未经专业技术和司法技能培训的公民进行,民众法庭的辩论也和公民大会一样,目的是打动乃至征服听众和陪审员,一些有煽情鼓动之雄辩口才的演说者的辩词反而成了决定诉讼成败的关键。[1] 这极可能是因为,不同于荷马时期的长老们,雅典法庭拥有一定程度上的制度权威,也就是它不需要通过给出判决的理由来寻求公众的赞成。[2] 虽然这种方式排除了陪审团成员之间的相互影响,但是实质上也加大了因个人感性而冲动作出决定的可能性。一般情况下,民众法庭审讯不会超过一天,很多个人案件用的时间比这还要短。[3]

亚里士多德提到,陪审员是可以获得报酬的,而且认为这

---

[1] 参见沈瑞英、杨彦璟:《古希腊罗马公民社会与法治理念》,中国政法大学出版社2017年版,第82—83页。

[2] See Stephen C. Todd, Law and Oratory at Athens, in Michael Gagarin and David Cohen(eds.), *The Cambridge Companion to Ancient Greek Law*, Cambridge University Press, 2005, p. 98.

[3] See Stephen C. Todd, Law and Oratory at Athens, in Michael Gagarin and David Cohen(eds.), *The Cambridge Companion to Ancient Greek Law*, Cambridge University Press, 2005, pp. 97-111.

是"激进式民主"的基础。但汉森指出,陪审员津贴制始于公元前451年伯里克利颁布公民法之前,法院迫使城邦向公民支付报酬是为了保证有足够的人来充当陪审员。显然这起到了很好的效果,因为阿里斯托芬在《马蜂》中提到过,一个热衷于审理案件的老人不得不大清早赶路,因为可以得到陪审员津贴。[1]

实际上,"担任陪审员的雅典人,并不仅仅是法庭上建立社会典范的被动观察者,而且还是这一过程的积极参与者。……通过这种途径,雅典的法庭不但为解决个人的纠纷提供了一个审判的地点,而且提供了表达以及证实集体意愿的机会"[2]。

民众法庭制度不仅是城邦民主和公民共治的表征,而且是捍卫城邦民主强有力的武器和坚固的堡垒。它充分体现了城邦民主体制构建的机会均等、全民共治的政治参与精神,但同时作为公众舆论的工具,却不可避免地使法律与政治无法保持合适的距离,在一定程度上削弱了法律的崇高地位。[3]

(三)证人和证据

虽然早在古典时代就出现了对抗式辩论,但是在雅典的法庭中,证人的角色相对受到约束。他们并不是被要求以陈述者的身

---

[1] 参见〔古希腊〕阿里斯托芬:《云·马蜂》,罗念生译,上海人民出版社2006年版,第165—167、175页。

[2] Matthew R. Christ, *The Litigious Athenian*, The Johns Hopkins University Press, 1998, p. 190. 中文译文参见〔美〕加加林、〔美〕科恩:《剑桥古希腊法律指南》,邹丽、叶友珍等译,华东师范大学出版社2017年版,第160页。

[3] 参见沈瑞英、杨彦璟:《古希腊罗马公民社会与法治理念》,中国政法大学出版社2017年版,第85页。

份去述说发生的事情，而是通常在诉讼当事人完成陈述后对陈述中的细节做出证实。

不过，任何自由公民，包括非雅典人，都有资格成为目击证人[1]，他们不仅有资格，而且在受到传唤时还必须履行作证义务。从约公元前380年开始，虽然所有供词都必须采用书面形式并由书记员宣读，但证人也必须出庭，通过亲临现场来增强其供词的真实性，并且面对可能发生的作假证的指控。奴隶的口供必须是在刑讯逼供（basanos）下作出的才有效，这种刑讯必须在征得奴隶主人的许可后方能进行，而且必须在得到控辩双方同意后才能将从刑讯中得到的信息作为证据予以采用。[2]而女性根本不被允许进入法庭，若某名女性握有重要证据，只能以起誓的方式将证词提交给陪审团[3]；女性的证据同奴隶的口供一样，誓言式证词只有在得到对方同意后方可作为文件在法庭上宣读。[4]

由于这一时期的雅典城邦是典型的口述社会，法庭审判中没有严格的规范程式，整个审判过程好比一场"浓妆艳抹"的演出。无论是早期对所有的法律纠纷具有裁决权的行政官，还是改革以后承担裁判功能的民众法庭，都不是法律精通者。而诉讼当事人在法庭的演说中，则完全不以"相关性"为准则进行论述。

---

1　Demosthenes 35.14.

2　Demosthenes 49.55.

3　Demosthenes 39.3.

4　See Mogens Herman Hansen, *The Athenian Democracy in the Age of Demosthenes*, translated by J. A. Crook, Bristol Classical Press, 1999, p. 201.

无论是在公民大会上,还是在民众法庭中,民主政治的规则都是让演说家们在竞赛中相互攻击,普通公民则充当裁决人。法庭判决的执行由行政官负责,行政官以抽签方式产生,一年一任且不得续任。[1] 对于有明确处罚措施的犯罪案件,依据法律来判罚。但是碰到没有法律可以适用和处罚罪犯的时候,控辩双方均可以提出一个惩罚办法,由陪审团来进行选择。雅典人民民主执政的愿望在雅典法庭审判中体现得淋漓尽致,有学者甚至将雅典定义为"法官城邦",认为在当时再也没有哪个地方像雅典市民那样能够有这么多的时间花费在审判当中。[2] 这种雅典民众所追寻的"民主",其本质却是法庭审判的"业余性"。

孟德斯鸠为雅典的"业余"法庭找到了合理性解释:"人民不是法学家,并不全然懂得有关裁决的所有修改或变化,所以应该只向他们提出一个对象,一个事实,一个唯一的事实,让他们决定应该判罪、应该免罪还是下次再审。"[3] 也就是说,无论是原告还是被告,又或是法官,都不需要具备专门的法律能力。在他们看来,精通法律的职业法官或者训练有素的辩护人,一旦进入法庭审判,会影响民众的直接民主权利。如果想让所有的公民都能够参与城邦政治,就必须将整个法治体系设计成由业余者来操作。实际上,雅典人民一直在竭力阻止法庭审判的职业化。所以

---

[1] Arist. Ath. Pol. 1298a 30-2.

[2] 参见〔德〕乌维·维瑟尔:《欧洲法律史:从古希腊到〈里斯本条约〉》,刘国良译,中央编译出版社2016年版,第37页。

[3] 〔法〕孟德斯鸠:《论法的精神》,许明龙译,商务印书馆2012年版,第94页。

有学者认为,雅典的法庭审判"完全是两个诉讼当事人的口头较量,他们争先说服庞大的普通观众、匿名的城邦公民投票支持他们,反对他们的对手"[1]。这正是雅典法庭的独特之处,即"法庭在任何层面上都不赞成职业化"[2]。

---

1 Harvey Yunis, The Rhetoric of Law in Fourth-Century Athens, in Michael Gagarin and David Cohen(eds.), *The Cambridge Companion to Ancient Greek Law*, Cambridge University Press, 2005, p. 196.
2 Stephen C. Todd, Law and Oratory at Athens, in Michael Gagarin and David Cohen(eds.), *The Cambridge Companion to Ancient Greek Law*, Cambridge University Press, 2005, pp. 97-111.

# 第三章

演说家:辩护帮助人、演说写手与"职业原告"

受制于希腊古典时期的民主司法特征,法制发展受阻成为必然结果。在司法审判的过程中,裁判的权力被交给了没有任何法律知识的民众,他们丝毫不尊重法律的科学性和体系性,甚至不允许法律职业团体享有应当拥有的高于他人的荣誉和权限,或者是报酬。斯多葛学派哲学家芝诺甚至声称"法庭应该被完全废除"[1]。在柏拉图看来,律师也必须听命于客户的要求,按客户的意图办事,无异于客户的奴隶,他说:"律师总是忙忙碌碌,似乎总有什么力量不断驱赶着他……他是一个奴隶。在他的主人面前,与他同是奴隶的伙伴们争论不休。……结果律师们变得敏锐而狡黠;他学会了对主人曲意逢迎、见机行事;他的心胸狭

---

1 James A. Brundage, *The Medieval Origins of the Legal Profession: Canonists, Civilians, and Courts*, the University of Chicago Press, 2008, 10ss.

窄，自从他开始欺骗和报复以后，他就变得反常而且扭曲了。"[1] 所以即使古希腊的诉讼审判中已经出现了对抗辩论，也并没有流露出一种对法律职业团体的需求。法律职业的产生被扼杀于摇篮之中。

实际上，法律与律师职业是一对孪生兄弟，它们的成长与发展是同步的。正如我们前面提到的，在古希腊的社会生活中，虽然并没有产生严格意义上的律师，但是出现了一些在诉讼程序中协助当事人的律师雏形，他们被笼统地称呼为"演说家"（ῥήτωρ）。希腊语中"ῥήτωρ"与拉丁语中的演说家"orator"的词根一样，都是说话（rato）的意思，"ῥήτωρ"原意就是"说话的人"。在文学作品中，该词所包含的意思非常多样，既可以指演说家或修辞学家，也可以指教授雄辩术的老师，还可以指政治人物。[2] 该词在古罗马的文学作品中大多被翻译为庇主（patronus）或者"律师"（advocatus）。[3]

演说家一词也曾经出现于公元前 5 世纪中期的雅典公民大会法令铭文之中，它在当时可能专指公民大会中的提议者，在某种程度上具有政治色彩。到公元前 5 世纪晚期以及整个公元前 4 世纪，演说家可以指教授演说技艺的人，如在柏拉图的《高尔吉

---

1 〔美〕马丁·梅耶：《美国律师》，胡显耀译，江苏人民出版社 2001 年版，第 2 页。

2 See Iorenzo Rocci, *Vocabolario Greco Italiano*, Società Editrice Dante Alighieri, 1998, p. 1641.

3 Plutarch Cicero 26, 8.

亚》中，苏格拉底就把专门教授演说术的"智术师"高尔吉亚称为 ῥήτωρ。同时，该词还用于称呼那些经常在公民大会和民众法庭中进行政治提议与公共诉讼的人，他们擅于演说并且以演说的方式积极参与城邦政治活动，其角色类似今天的政治家。[1]实际上，与其说 ῥήτωρ 兼具"演说家"与"政治家"两种含义，毋宁是演说术在城邦政治生活中占据了重要的地位，因为大多数演说活动都以参与城邦政治活动为目的。

无论如何，演说家在雅典城邦具有非常重要的社会地位，与行政官一样，他们上台演讲的时候甚至会头戴花环以示尊严。不过，做演说家需要有一定的口才且进行过修辞学训练，这不是每个公民都可以达到的。而且，作为一种拥有较高地位的社会职业，每一位演说家都必须对自己的演说内容负责。[2]

### 一、辩护帮助人

辩护帮助人（συνήγορος），又被翻译为共同发言人（现代希腊语为 synegoros），是指根据当事人的申请在法庭上提供辩护帮助的人。从词源学来看，"synegoros" 由 "syn" 和 "agora" 两部分组成，前半部分 "syn" 来自 synonym、synagogue 以及 synchronize，意为"一起"或"相同"；后半部分 "agora" 来自 "agoraphobia"，字面意思为"在集会上演说"。因此，"synegoros" 应该是"共同在

---

[1] 参见李尚君：《"演说舞台"上的雅典民主：德谟斯提尼的演说表演与民众的政治认知》，北京大学出版社 2015 年版，第 25、27 页。

[2] See Mogens Herman Hansen, *The Athenian Democracy in the Age of Demosthenes*, translated by J. A. Crook, Bristol Classical Press, 1999, p. 144.

集会进行演说的人"之意。所以,我们将在法庭上出现的共同发言人称为辩护帮助人。

按照雅典的法律规定,当事人必须亲自出庭,而且不允许被提供辩护帮助。但是为了保障每个人都能完全地实现公民辩护权,雅典的民众法庭后来接受了当事人分配一些发言时间给自己的朋友或者亲属,以帮助其发言。

虽然专业的辩护帮助人可以在法庭上帮助当事人获得陪审团的支持,但是并非所有人都可以请求辩护帮助人提供服务。根据当事人的辩护能力进行划分,可以请求帮助的特殊主体主要分为两类:一类是无辩护能力人,即不具有自我辩护权的人,包括妇女、年幼男子、奴隶以及已经被判处刑罚的人。在这种情形下,辩护帮助人有权代替其实行辩护演说,例如古希腊著名的演说家安提丰在其《控告继母投毒》的片段中就提及了妇女的儿子有权代其母参与诉讼。[1]而另一类主体为限制辩护能力人,即因为特殊原因无法充分实现自己的辩护权利而需要他人协助辩护的人,例如体弱病残者、文盲或半文盲城邦公民等。在这种情况下,辩护帮助人通过补充演说的方式帮助当事人。

起初,辩护帮助人与当事人之间是一种纯粹的非金钱利益关系。人们认为亲近的人帮助进行辩护更可信,也更容易获得陪审团的支持。正如德摩斯提尼的演说词中就提到:

除此之外,(正如告诉你们的那样)我因信任那些对被

---

1 参见本书附录一。

告怀有敌意的人而被出卖。他们原本在了解案件事实后答应支持我，但现在却对我弃之不顾，选择与被告达成和解。由此，除非我的亲属中有人给予我帮助，否则我连辩护帮助人都没有。[1]

到公元前4世纪中期，随着演说修辞在法庭诉讼中的发展，当事人寻求帮助的对象不再局限于亲近的人，而是扩展至所有能带给他们帮助的人，甚至是对方当事人的政治敌人。由于希腊法律禁止辩护帮助人收取任何报酬，因此这些辩护帮助人只是单纯希望通过帮助演说提高自己的政治声望或是打压对方当事人。但是，当事人一般仍会通过赠送礼物来表达感激之情。[2]辩护帮助人很明显在一定的历史时期中发挥了重要的作用，维护了弱势群体的平等辩护权。

## 二、演说写手

根据埃斯基涅斯的记载，古雅典还产生了一种被称为演说写手[3]（$λογόγραφος$）的自由职业。希腊语"$λογόγραφος$"由"$λόγος$"和"$γράφω$"两部分组成，英文翻译为"logographer"，"$λόγος$"即"logos"，具有"文字"之意；"$γράφω$"即"grapho"，译为"书写"。因此该词在古代雅典用来称呼精通法律术语的专业写

---

1　Demosthenes 58.4.

2　Demosthenes 46.26; Demosthenes 44.3; Demosthenes 48.36.

3　See Iorenzo Rocci, *Vocabolario Greco Italiano*, Società Editrice Dante Alighieri, 1998, p. 1155.

手,也有学者翻译成"代笔"。

演说写手以撰写法庭演说词为主要职能。诉讼当事人为了在法庭上得到陪审员的支持并获得理想的判决结果,会聘请这些精通修辞学或演说术的演说写手,向他们提供案件的全部信息,由他们据此来为自己撰写演说词。在准备法庭演说词的过程中,演说写手可能还会反复咨询当事人或者问询证人。由于对照文本朗读会触犯法庭关于书面文本的禁忌,因此诉讼当事人通常把事先准备好的法庭演说词记忆下来,在开庭时据此为自己陈述辩护。[1] 演说写手因其帮助诉讼当事人准备法庭答辩这一职能,被认为是"雅典制度中最接近于英国律师的角色"[2]。此外,有学者甚至怀疑证人出席法庭时提前起草的郑重的书面陈述证词有可能也是演说写手准备的。[3]

演说写手撰写演说词必须尊重当事人的意志,正如埃斯基涅斯在《驳提马尔科斯》中写道:[4]

> 然而,某个正在撰写演说词的演说写手说他所写的内容

---

[1] See Arnaldo Biscardi, *Diritto Greco Antico*, Giuffrè, 1982, p. 269; George Kennedy, *The Art of Persuasion in Greece*, Princeton University Press, 1963, 126ss.

[2] Mogens Herman Hansen, *The Athenian Democracy in the Age of Demosthenes*, translated by J. A. Crook, Bristol Classical Press, 1999, p. 194.

[3] See Stephen C. Todd, Law and Oratory at Athens, in Michael Gagarin and David Cohen(eds.), *The Cambridge Companion to Ancient Greek law*, Cambridge University Press, 2005, pp. 100-101.

[4] See Charles Darwin Adams, *The Speeches of Aeschines*, with an English Translation, London: William Heinemann & New York: G. P. Putnam's Sons, 1919, p. 77.

与其意志相互矛盾。在他看来，成为娼妓和耗尽遗产不可能同时发生在一人身上。对他而言，只有孩童才会做出损害自身的行为，而挥霍遗产只有成年人才能办到。此外，他主张伤害自己的人要为自己的行为付出代价，因此他通过在集市反复走动来表达他对于同一人既伤害自己又耗尽遗产的不解和惊讶。因此，即便演说写手无法认同当事人的行为，他也必须从当事人的角度撰写法庭演说词，且不得掺杂自己的主观意志。[1]

在古希腊，由于演说写手的身份没有限制，希腊公民和外邦人都能够担任这一职务。例如，以遗产案见长的伊塞优斯（Isaeus）就是一位客籍演说写手。他先后留下了 11 篇与遗产继承相关的法庭演说词，如《克列尼穆斯的财产》(On The Estate of Cleonymus)、《门尼克里斯的财产》(On the Estate of Menecles) 等，都是他作为演说写手为自己的顾客所书写的。我们附录中收录的一些比较著名的演说词，都出自某些担任过演说写手的演说家之手。安提丰、吕西阿斯和德摩斯提尼等都曾从事过这一职业，但是他们成名之后又不太愿意提起这段经历。

按照普鲁塔克[2]的介绍，安提丰生于公元前 480 年左右。虽然他的父亲是一位诡辩家，但他并非依靠父亲的名气，而是凭借

---

[1] Aeschines 1.94.
[2] 参见〔古希腊〕普鲁塔克：《道德论丛》(III)，席代岳译，吉林出版集团有限责任公司 2015 年版，第 1529 页及以后。

聪明的头脑和雄辩的口才出人头地。安提丰被视为政治演说的创始人,他为很多市民撰写了法庭辩护演说词,但是并不愿意在公共场合发表演说。据说,安提丰是第一位具备法律专业能力的演说写手,在谋杀案件演说方面享有广泛声誉。不过,保留至今的15篇演说词虽然均涉及谋杀案,但只有3篇是真实案例,其余12篇都是供学校练习的虚构案例。

吕西阿斯是古希腊雅典著名客籍演说家。他在发表了《驳埃拉托色尼》(Against Eratosthenes)的演说之后,因为没有获得理想的效果而转行做了演说写手来维持生计,并且至少在公元前403年至公元前380年以此为生。吕西阿斯是第一个赋予演说词艺术特性的人,他因在演说词语言中展现的机智、幽默、对当事人特点的关注,以及对辩护技巧的巧妙运用而闻名。与安提丰所追求的雄伟宏大的演说风格相比,吕西阿斯的文笔更加流畅,接近日常生活语言,被视为朴素风格的典范。吕西阿斯现存的著名法庭演说词,例如《狄欧季吞滥用监护权案件》(Against Diogeiton)[1]等,共34篇,根据零星片段以及篇节名可知,有127篇演说词已丢失。

德摩斯提尼早年师从伊塞优斯学习修辞,后教授修辞学,随后从事政治活动。德摩斯提尼极力反对马其顿入侵希腊,并发表了谴责马其顿国王腓力二世的著名演说词,如《反腓力辞》

---

1 参见胡骏:《古希腊民商事立法研究——以雅典城邦为中心的考察》,上海人民出版社2012年版,第162页。

(Philippicae)和《论和平》(On the Peace)等。据说德摩斯提尼在穿着打扮以及其他的体态装扮上极其光彩艳丽且颇费心思，因此他的对手和政敌们常常取笑他为"精致的小斗篷"和"柔软的小长袍"，甚至是其他粗鄙不堪的绰号。[1] 在事业发展的早期，他常常以为他人代笔的演说写手来谋生。

实际上，成功的演说写手确实非常像一名律师，他们精通雅典城邦的法律和程序，善于抓住陪审员的心理，发现他们的喜好与偏见，同时还擅长根据当事人的年龄、状况和性格来调整演说词，以便听上去是自然地出自当事人之口。[2] 对于一个从未进行修辞训练甚至没有太多公共演说经验的人来说，即使购买一份专门针对他案件的演说词需要支付不菲的酬金，他们也乐意至极，因为这是他们在公众面前赢得胜利的重要武器。不过，演说写手与律师职业还存在一定差异，他们的职能仅是利用自己的修辞学知识为当事人审判过程中的演说提供建议，具体的法庭辩护演说还是由当事人亲自进行。

演说写手虽然成为一种职业，但是并没有获得社会的普遍认可，甚至在某种程度上来说，名声还是不光彩的。人们对演说写手普遍持有怀疑和嫌恶的态度。有好几位雅典的政治领袖，如希波拉底斯，年轻时都曾一度以代人撰写法庭演说词为生，但他们

---

1　Gel. 1.5.

2　See Roscoe Pound, *The Lawyer from Antiquity to Modern Times: with Particular Reference to the Development of Bar Associations in the United States*, West Publishing Co., 1953, p. 33.

很快就放弃了这个职业，并且也不愿听到有人提起他们职业生涯中的这段经历。[1]昆体良在《雄辩术原理》(Institutio Oratoria)中写道："应该抨击那些出于不正当的用途而使用雄辩术的人，苏格拉底就因为在自己被控告时吕西阿斯为他书写了法庭演说词而感到不光彩。那时，演说写手为当事人撰写演说词，然后由他们自己在辩护中背诵出来是一种风气。但这种做法违反了禁止为他人进行辩护的法律。"[2]西塞罗在《论演说家》中也提到了苏格拉底拒绝吕西阿斯为他所书写的演说词一事，并且认为如果苏格拉底没有拒绝的话一定会被宣判无罪。[3]

雅典的法律禁止向法庭上的辩护帮助人支付报酬，但并不禁止演说写手收取酬金。所以，毋宁说演说写手的工作仅是他们维持生计的一种方式。演说写手在民主雅典作为一种职业存在但又无法获得社会的认可并不奇怪。城邦公民希望通过公共演说来实现自己的平等议政权，但并非人人都具有高超的演说技巧。演说写手借此谋生，但是在提供专业技能的同时，又破坏了希望通过"业余"来实现真正民主的社会共识，甚至违背了雅典城邦的基

---

[1] See Demosthenes 32.32; Isoc.15. 36ff.; Mogens Herman Hansen, *The Athenian Democracy in the Age of Demosthenes*, translated by J. A. Crook, Bristol Classical Press, 1999, p. 194.

[2] Quint. Inst. Orat. Ⅱ. 15.30.

[3] 参见 Cic. De Or. 1.231。实际上，这种做法一直延续到罗马的古典时期，因为昆体良在《雄辩术原理》中还提到了西塞罗为庞培撰写的演说词，也是由其他人宣读。参见 Quint. Inst. Orat. Ⅲ. 8.50。

本原则。正如希波拉底斯所言：[1]

> 这些人踩在不幸的人身上，他们更应该得到你们的憎恨。因为就像人在生病时最需要照顾一样，城市在不幸的时候也最需要你们的关注。

不过我们好奇的是，这些演说写手在多大程度上扮演着律师的角色，寻找证据、分析法律以及引导案件的进展，或者说其实仅仅是一种简单的文学创作？

### 三、"职业原告"

还有一类在雅典法庭上扮演重要角色的人叫作"职业原告"（συκοφάντης），现代希腊语为 sykophantes[2]，美国学者约翰·奥斯卡·洛夫伯格（John Oscar Lofberg）甚至撰写了一部专著来介绍他们[3]。在词源学中，"sykos"（συκος）意为"无花果"，这在古希腊是十分昂贵的水果，因此时常有窃贼偷取果实；"phainein"是动词，具有揭示、揭露之意。"sykophantes"这个词在表面上看来是"揭露无花果窃贼的人"。实际上，当时的法令规定"偷窃

---

1　See Lycurgus, Dinarchus, Demades, Hyperides, translated by J. O. Burtt, *Minor Attic Orators*, Volume Ⅱ (Revised ed.), Harvard University Press, 1954, p. 411.

2　关于"*sykophantes*"的中文翻译，学界存在多种译法：其一，学者何世健、欧阳旭东在翻译汉森的《德摩斯提尼时代的雅典民主》时将其译作"讼棍式奸佞"；其二，学者蒋保将其译作"诬告者"，学者何理将其译作"诬控者"；其三，学者邓锐、石庆波将其译作"谄媚者"；其四，学者章勇将该词译作"职业原告"。基于古希腊好讼的社会心理和"*sykophantes*"所发挥的类似现代律师的职能及其所采用的激进的诉讼方式，笔者认为"职业原告"更贴近"*sykophantes*"的本质内涵。

3　See John Oscar Lofberg, *Sycophancy in Athens*, Collegiate Press, 1917, p. 48.

无花果是一种犯罪行为",因此揭露无花果窃贼的人会受到奖励。还有一种说法是,古希腊农民在公共市场上出售无花果须缴纳高额税款,因此一些农民将无花果藏起来以避免纳税,所以常受到雅典市民的告发,告发者也被称为"sykophantes"。所以,该词最初并没有蕴含贬义,单纯泛指那些告发不法行为的人。

"职业原告"的设立归功于梭伦的一项改革,该项改革宣布任何公民都有权代表某个受到不法侵害的人或为社会公共利益提出控告。其目的是鼓励更多的公民在受害者由于各种原因无法为自己辩护时或者在社会公共利益受到侵犯时,不计自身利益得失,挺身而出提起诉讼来帮助其他公民或是整个城邦。[1]同时,由于雅典没有固定的检察官,涉及社会公共事务的公益诉讼在很大程度上依靠志愿者代表提起,如"职业原告"。因此,不同于为私人提供诉讼服务的辩护帮助人和演说写手,"职业原告"的制度设计中蕴涵了公益性。他们除了可以为个人私益提起诉讼,如上文提及的雅典市民揭露偷取无花果的窃贼,更重要的是,还可以基于社会公益提起诉讼,如那些告发私藏无花果以避免纳税之行为的雅典市民。

实际上,"职业原告"的产生很大程度上迎合了雅典民主的需求,因为它在一定程度上扩张了公民的起诉权,为雅典人维护民主与正义提供了更宽阔的途径。但该制度蜕化之根源也恰恰是

---

1　See Mogens Herman Hansen, *The Athenian Democracy in the Age of Demosthenes*, translated by J. A. Crook, Bristol Classical Press, 1999, p. 195.

雅典的民主制度。雅典人甚至还为成功起诉设立奖金，希望吸引更多的公民投入公益诉讼。但由于缺失相应的行为规范或职业准则，为好讼的原告滥用起诉权提供了可乘之机，以至于有相当一部分公民仅仅是为了得到奖励、牟取私利，而非出于纯粹的维护正义的目的以其他公民或社会的名义提起诉讼，以致滥用诉权。更有甚者公然采用讹诈的手段，利用起诉权进行敲诈勒索，要挟违法者要想不被控告就得拿钱消灾[1]，甚至威胁完全无辜的人。所以受胁迫之人为了避免在法庭上面对经验老到的演说者往往选择赶紧付给好处了事。[2]但颇为讽刺的是，他们的恶劣行径尽管遭人唾弃但却没有违法。[3]

渐渐地，伴随着越来越多的"职业原告"从正义的守护者变为恶意控告之人，"sykophantes"一词成为滥用诉权之人的代名词。学者丹妮尔·艾伦（Danielle S. Allen）就认为这一术语指的就是那些通过激进的诉讼提出不当指控的人，因为他们的做法就好比"在无花果未成熟的时候收获无花果"[4]。

雅典人意识到"职业原告"的设计初衷并没有得到实现，反而导致诉权滥用，甚至威胁到了整个雅典民主制度。因此，他

---

1 Demosthenes 53.12-13.

2 Lysias 25.3; Isocrates 18.9-10.

3 See Mogens Herman Hansen, *The Athenian Democracy in the Age of Demosthenes*, translated by J. A. Crook, Bristol Classical Press, 1999, p. 195.

4 Danielle S. Allen, *The World of Prometheus: the Politics of Punishing in Democratic Athens*, Princeton University Press, 2002, pp. 156-164.

们又设立专门的诉讼程序,即"针对个人奸佞行为的公共诉讼"[1](probole)和"奸佞诉讼"[2](graphe sykophantias)来遏制"职业原告"的不当行为,以确保原告是基于正义行使代诉权。但并没有任何史料记载曾经有雅典公民提起过此类诉讼,诉讼程序似乎并没有发挥作用。[3]不过,由于被指控为"奸佞诉讼"是比较严重的问题,"职业原告"们会首先证明起诉的正当目的以尽力排除自己的好讼嫌疑,以便于顺利提起诉讼。

同时,雅典人也意识到规制滥用诉讼的措施本身可能会被滥用。因此规定,允许雅典人在年度的议会中对"职业原告"进行初步投诉。然而,这些投诉仅限于不超过三起针对公民的投诉,以及三起针对客籍居民(metic)的投诉。[4]雅典人没有对"职业原告"采取更严厉的规制措施这一事实表明,他们不想过分阻止诉讼,毕竟他们认为维护雅典民主的核心手段就是诉讼。[5]在雅典人看来,制定过分严厉的规制措施反而可能会阻止合法的诉讼,

---

[1] Arist. Ath. Pol. 43.5.

[2] Mogens Herman Hansen, *The Athenian Democracy in the Age of Demosthenes*, translated by J. A. Crook, Bristol Classical Press, 1999, p. 195.

[3] See Matthew R. Christ, Sycophancy and Attitudes to Litigation, in C. W. Blackwell, *Dēmos: Classical Athenian Democracy* [A. Mahoney and R. Scaife, edd., *The Stoa: a consortium for electronic publication in the humanities* (www. stoa.org)] edition of March 26, 2003.

[4] Arist. Ath. Pol. 43.5.

[5] Matthew R. Christ, Sycophancy and Attitudes to Litigation, in C. W. Blackwell, *Dēmos: Classical Athenian Democracy* [A. Mahoney and R. Scaife, edd., The Stoa: a consortium for electronic publication in the humanities (www.stoa.org)] edition of March 26, 2003.

导致那些真正想要维护正义的原告不敢轻易起诉，这也有违"职业原告"的设立初衷。

由于缺乏职业规范，"职业原告"的公益本质在该职业的发展过程中并未得到较好的贯彻，从而最终未能发展成为真正的法律职业。但不论如何，其设立是为了保障公民陷入困境或社会利益受到侵害时能够获得援助，孕育了法律职业团体追求永恒正义的精神内核。

# 第四章

作为演说之术的"修辞学"

正如有学者精确地指出过的,雅典法庭中与法律无关的论辩占据了主流,这说明,当时雅典的争讼人和审判员们认为,法庭程序的主要功能是社会角色,即在一个狭义的社会阶层中主张其竞争优势,而并非"法律"功能。[1] 当事人双方通过互相发表演说[2]来进行对抗式的辩论,陪审员根据自己的正义感作出表决。这对于审判的依据毫无疑问当数法律的现代司法体系来说,无疑是

---

1　See Adriann Lanni, Relevance in Athenian Courts, in Michael Gagarin and David Cohen (eds.), *The Cambridge Companion to Ancient Greek Law*, Cambridge University Press, 2005, p. 117.

2　关于"演说"在古希腊生活中的重要性,参见晏绍祥:《演说家与希腊城邦政治》,载《历史研究》2006年第6期,第151页及以后;蒋保:《演说与雅典民主政治》,载《历史研究》2006年第6期,第138页及以后;杨巨平、王志超:《试论演说家与雅典民主政治的互动》,载《世界历史》2007年第4期,第24页及以后;李尚军:《德谟斯提尼的修辞策略与雅典民众政治角色的塑造》,载《历史研究》2011年第4期,第123页及以后;George Kennedy, *The Art of Persuasion in Greece*, Princeton University Press, 1963, pp. 13-14.

令人费解的。

但是如果我们将背景还原到公元前 5 世纪的口述社会和口头诉讼时期，似乎就能理解得更清晰一点。双方当事人一般情况下都是口头复述法律条文，因此无法保证条文的准确性。到了公元前 4 世纪，才开始要求诉讼双方把援引的法律写下来，在进行法庭辩论时由专门的书记员宣读。[1]在陪审团的审判中，案件的一般正义重于严格的法律条文，这一方面是由于古希腊法缺乏像罗马法那样严密的法典，另一方面，在一个没有主审法官，也没有上诉，法律和事实两个方面都由人数众多的普通人组成的陪审团来进行决断的纯民主审判中，这也是一个必然结果。[2]

## 一、雅典的法庭演说

有学者指出，"雅典的法律本质上是修辞的"，同时"雅典的法律通过辩论中的修辞得以体现"。[3]在古代雅典，几乎每一位著名的演说家同时都是一位修辞学家，所以应该将 rhetorikē 翻译成演说术还是修辞术，一直以来都聚讼纷纭。刘小枫教授认为："演说术产生于政治生活中掌控民众的需求，兴盛于城邦的民主政治时期；演说术虽是口头言辞行为，却基于文章写作技艺；演

---

1 参见胡骏：《古希腊民商事立法研究——以雅典城邦为中心的考察》，上海人民出版社 2012 年版，第 112 页。
2 参见〔美〕约翰·H.威格摩尔：《世界法系概览》，何勤华、李秀清、郭光东等译，上海人民出版社 2004 年版，第 255 页。
3 Stephen C. Todd, Law and Oratory at Athens, in Michael Gagarin and David Cohen (eds), *The Cambridge Companion to Ancient Greek Law*, Cambridge University Press, 2005, p. 98.

说辞讲究文采，雕琢言辞，以求达到控制听众的目标，修辞术即服务于此文饰目的。它们利用修辞性推论的方式，诉诸特殊的理智能力，以达到说服的效果。"[1]笔者同意此观点。

雅典审判中胜诉的关键在于能否在诉讼演说中成功地说服陪审员，使其相信自己的陈述。因此，如何巧妙地发表动情的演说来影响陪审员的判决，对于双方当事人来说至关重要。昆体良将此称为"演说的艺术"（也翻译为"雄辩的艺术"），笔者认为通常的定义就是"说服的艺术"。对于法庭演说家而言，他们的任务就是"说服陪审团并将他们的思想引导到演说家所期望的结论上去"。按照昆体良在他的著作《雄辩术原理》中的介绍，这种艺术既需要自然的资质，例如优美的嗓音、强健的肺、健康的身体、忍耐力和风度，还需要一些技术性的规则。

不过关于演说术与演说家，学界的评价也褒贬不一。威尔·杜兰特提到，根据哲学家第欧根尼·拉尔修的说法，伯利纳的智者比阿斯是诉讼案的雄辩家，永远将其才华用于正义的一方。[2]古希腊法律专家尤尼斯（Harry Yunis）教授认为，"雅典庭审和相应的现代庭审之间存在一个关键的区别，那就是，在雅典法庭的运行过程中修辞占了一席之地，这在现代法庭中却是几乎不可

---

[1] 刘小枫：《古希腊的演说术与修辞术之辩（上篇）》，载《外国语文》2019年第3期，第2页。

[2] 参见〔美〕威尔·杜兰特：《世界文明史：希腊的生活》，台湾幼狮文化译，华夏出版社2010年版，第256页。

能的"。[1]

事实上，即使是雅典人自己，也对演说家有着复杂的感情。一方面，演说家在民主政治和个案正义上发挥着不可替代的作用，只有适当数量的公民乐意登台演说或提出议案，民主制才能发挥作用。因此，雅典人每年都会授予"一贯以演说和提案为人民做出最佳贡献的人"荣誉法令和金冠，借此鼓励公民的参政热情。德摩斯提尼就曾骄傲地宣称，他本人一度作为一个演说家成为雅典的政治领袖。[2] 但另一方面，雅典人又担心演说家可能会花言巧语误导人民，因为他们可能会收受外邦统治者或民主之敌的礼物而丧失正义感。柏拉图就曾经尖锐地批评当时的辩护人，认为他们颠倒黑白，偷换概念，巧言辞令。

雅典人对演说家进行了区分。他们心目中理想的演说家还是直言的平实之人，发言次数有所节制，讲话也不拐弯抹角，属于"业余演说家"。但是那些"职业演说家"则以上台演讲为职业，抓住一切机会上台演说，且往往在政治方面谋取利益。[3] 德摩斯提尼就曾经抱怨过自己所受到的埋怨："检察官特别恶毒，他把任何成功履行的职责都归功于机会而不是我，但认为我和我的坏运气要为一切失败承担责任。我是一个演说家和政治家，但在他看

---

[1] 〔美〕加加林、〔美〕科恩编：《剑桥古希腊法律指南》，邹丽、叶友珍等译，华东师范大学出版社2017年版，第219页。

[2] See Demosthenes 18.212; Mogens Herman Hansen, *The Athenian Democracy in the Age of Demosthenes*, translated by J. A. Crook, Bristol Classical Press, 1999, p. 145.

[3] Demosthenes 18.170; Din. 1.90.

来，我对讨论和审议的结果没有功劳，而要对我们的军队和我们的统帅的所有不幸负责。你能想象更粗俗或更可恶的诽谤吗？"[1]

不过，演说需要一定的口才和修辞学训练，这又不是每个公民所具备的。[2]所以对于一名普通公民来说，准备一份有理有据的演说词并在众多陪审员面前宣读是一件困难的事情，尤其是对于那些腼腆或者不善于表达的人来说，这种公共演说式的法庭辩论明显使他们处于劣势。[3]柏拉图就借苏格拉底之口说，"修辞术并不是一种艺术，而是一种谄媚的手段、卑鄙的技巧，只能说服没有知识的听众"[4]。因此，有时候演说家会利用这种情感，或将其对手描绘成一个"骗人的智术师"，一个"狡猾的演说家"，一个职业的"演说写手"，一个"玩弄文字的魔法师"等[5]来抨击对手，但他自己可能也受到过这方面的良好训练。

法庭演说家运用这种说服的技巧来论证自己的观点，使法官满足自己的诉求。修辞学被演说家们在法庭上当作辩护技巧运用于辩护中，法庭辩护毋宁是一场修辞与演说竞赛，成为辩护帮助

---

1 Demosthenes 18.212.

2 See Mogens Herman Hansen, *The Athenian Democracy in the Age of Demosthenes*, translated by J. A. Crook, Bristol Classical Press, 1999, p. 144.

3 See Roscoe Pound, *The Lawyer from Antiquity to Modern Times: with Particular Reference to the Development of Bar Associations in the United States*, West Publishing Co., 1953, 32ss.

4 罗念生：《罗念生全集》（第一卷），上海人民出版社2019年版，第124—125页。

5 参见〔英〕戈尔德希尔、〔英〕奥斯本编：《表演文化与雅典民主政制》，李向利、熊宸等译，华夏出版社2014年版，第263页。

人和演说写手必不可少的基本功。反过来，修辞学在法庭诉辩中的运用也使其得以不断完善，法庭演说成为修辞学的主要战场。这直接推动了法庭雄辩术的发展，也促使了专门的法庭演说词的出现。

### 二、作为"律师之学"的修辞

有学者将"修辞术"称为"律师之学"。[1] 事实上，最早使用修辞术的智者学派将修辞学定义为"说服的技巧"，暗含"欺诈之术"的贬义色彩。有学者认为，亚里士多德撰写《修辞学》的一个动机就是为了反对其老师柏拉图否定修辞学是艺术的说法。[2] 亚里士多德在开篇并没有急着对修辞术作出定义，而是对其性质进行了交代，指出修辞术是与论辩术对立的一种论证事理的"技艺"，前者是为了批评一个论点或者支持一个论点，而后者则是为自己辩护或者控告别人。

亚里士多德明确地将修辞学根据其使用场合和用途划分为用于公民大会或议会的议政修辞术、用于法庭的诉讼修辞术和用于庆典表演演说的展现式修辞术。他认为法庭演说词风格独特，讲究简朴平实。法庭演说词通常划分为四段：前言、叙事、辩论和结论。他还进一步解释了修辞术如何在法庭辩论中发挥作用，其主要载体是三段论命题。其中包括：第一点是害人动机的性质和

---

1 参见徐国栋：《修辞学校在罗马的兴起与罗马的法学教育》，载《河北法学》2014 年 1 期，第 22 页。

2 参见〔古希腊〕亚里士多德：《修辞学》，罗念生译，上海人民出版社 2006 年版，第 50 页。

种类；第二点是害人者的心理；第三点是受害者的为人和他们的性情。[1]亚里士多德的精妙之处恰恰在于他所描述的法庭演讲的说服论证方式。我们可以对此作一个简要的归纳：

(一) 修辞策略的选择

修辞策略的选择往往取决于纠纷的性质。鲁宾斯坦[2]认为是法庭诉讼中公共行为和个人行为的差异性导致了诉讼当事人的修辞策略，因为程序的选择和纠纷的性质会影响诉讼当事人行动和选择论据的方法。也就是说，诉讼的案件类型对他们的诉讼方式有着明显的影响。实际上，雅典人对于公共行为和个人行为的分类并不严格对应我们现代司法体系意义上的刑事案件和民事案件，只不过在原告的称呼上进行了区分，并且进一步在诉讼策略上有所差别。

在公共行为中，法庭并不希望控诉人掩盖自己对被告敌视的个人情感，并且把原告自己复仇的愿望当作采取公共行为的一种完全正当的动机。因为此时的公共行为中，公共精神与个人的仇恨和报复被联系起来了。也就是说，允许控诉人表达自己的愤怒、报复的愿望，以及他们对法官提出的建议，呼吁司法愤怒从而导向使被告人受到惩罚的结果。这种情形通常发生在谋杀案等重罪案中，而在民事案件中并不常见。

---

1　Arist. Rhet. 1368b.
2　参见〔美〕加加林、〔美〕科恩编：《剑桥古希腊法律指南》，邹丽、叶友珍等译，华东师范大学出版社2017年版，第147页。

例如，在德摩斯提尼的《诉勒普尼提尼斯》(Against Leptines)[1]的演说结尾部分，为夸大勒普尼提尼斯所提议的法律将会对雅典城邦造成的恶劣影响，他说："高尚的人与卑劣的人不能得到公正的对待，甚至雅典的名望也将受到严重损毁，所有人都会认为雅典是'不可信的'、'嫉妒的'和'卑劣的'。"对此，德摩斯提尼提醒陪审员："你们相互考虑，并且为了你们自己而进行理性的思考。"他首先使用"雅典人"的称呼语，将陪审员视为全体民众，指出民众不应该选择愚蠢的做法，不应该放弃高尚的行为；然后提醒陪审员，"你们当中的每一个人在私人方面都分享着由你们共同的意见所带来的名声"[2]，并呼吁陪审员应该懂得诉讼的意义在于仁爱对抗嫉妒、正义对抗邪恶、高尚对抗卑鄙。[3]

但是在个人行为中，则更加倾向于突出集体合作价值观。这通常发生在私人纠纷案件中，诉讼当事人往往试图令人信服地看到他对公共群体合作价值观的忠诚。他们会用起誓的方式向法庭陈述导致法律纠纷的问题所在，并且指出犯罪行为本身是供法庭演说公开协商和操纵的。当然，雅典并没有明确的公私分界，但是二者演说时间不太相同。即使是最严重类型的个人行为诉讼，演说时间也只有公共行为诉讼的三分之一。不过即使在个人行为诉讼中，原告也可能把个人受到的伤害上升到对整个城邦稳定造

---

1 Demosthenes 20.160-165.
2 Demosthenes 20.165.
3 参见李尚君：《"演说舞台"上的雅典民主：德谟斯提尼的演说表演与民众的政治认知》，北京大学出版社2015年版，第165—166页。

成威胁的程度。

（二）艺术性证据的采用和情感说服

如前文所述，雅典法庭与现代法庭最大的不同就在于整个法庭的业余性，这主要体现在他们并不太注重事实证据，而是更多地采纳"艺术性证据"。所谓"艺术性证据"，亚里士多德解释为与法律和誓言、证词等客观证据相对应的证据。[1] 以上三类具有很强说服力的话语，涉及对演说者可信度的判断、纠纷主题的论证，以及对观众情绪的迎合。

雅典的诉讼当事人在法庭上指涉他自己或他的对手的社会地位和经济地位、家庭背景和教育背景，以及道德品行是很正常的事情。在法庭上，毫无顾忌的谩骂和对品行的诋毁也已成为一种习惯。这种明显会使陪审团产生支持演说者而反对对手的情绪的言论，在现代法庭上会被视为诽谤或不利于法庭判决而被禁止。但是雅典人却认为，诉讼当事人的社会声誉、道德品行以及家庭背景，会对公共福利产生很大的影响，而且法庭有保护公共福利的责任。所以，大量使用品行证据是这一时期法庭演说的典型特征。

当然，也有人会从社会贡献的角度来为自己进行辩护。安提丰就有一篇演说词中提到，一位被控告人并没有对自己所面对的

---

1 See Harvey Yunis, The Rhetoric of Law in Fourth-Century Athens, in Michael Gagarin and David Cohen (eds.), *The Cambridge Companion to Ancient Greek Law*, Cambridge University Press, 2005, p. 200.

控告进行反驳，而是展示自己对城邦和公众的慷慨以获取陪审团的好感。他这样为自己辩护：

> 你将会从我从前的所作所为中看出，我并不是一个密谋者，也没有攫取他人财产。恰恰相反，同我的原告不同，我多次捐助，多次担负三层桨战艇的费用。我慷慨地赞助戏剧演出，给许多人以无息借款。[1]

亚里士多德很重视法庭演说中演说者的品德和听众的心境。他强调演说家必须洞悉公众价值观，通过理性证据和对情感与人品的诉求来完成说服法官和陪审团的目的。因为在法庭演说中，应该使听者处于某种心情之中，因为人们在友爱之中与仇恨之中、在愤怒之中与在温和的心情之下的表现绝不相同。[2] 不过，雄辩口才绝佳的苏格拉底为坚持正义和自己的理想信念，拒绝为自己的死刑判决以煽情的演说低眉取悦听众，或设法打动那些易动感情的陪审员们。柏拉图的作品中也出现了类似的演说：

> 或者你们之中有人会恼羞成怒，回忆自己以往为了一场小官司，涕泪满面哀求审判官，还带了儿女和许多亲友来乞情；而我不做这种事，虽然明知自己到了极大危险的地步。也许有人怀此恼羞成怒之感，向我发泄，带怒气对我投一票。[3]

---

1　Antiphon 2.2.12.
2　参见沈瑞英、杨彦璟：《古希腊罗马公民社会与法治理念》，中国政法大学出版社 2017 年版，第 84 页。
3　〔古希腊〕柏拉图：《游叙弗伦·苏格拉底的申辩·克力同》，严群译，商务印书馆 1983 年版，第 72 页。

我所缺的不是辞令，缺的是厚颜无耻和不肯说你们最爱听的话。[1]

不过，演说家通常不会直接表达对对方当事人的愤怒和憎恨，而是会借由对他们对手的反社会甚至违法行为的生动描述来激发听众对他们的愤怒和憎恨。

演说家可能会借助伦理情感引导案件的结果。例如，在遗产案中，演说家把他们与死者的关系和与对手的关系进行对比，比如说，提供证人证言证明他们在情感上与死者最为亲近，生前无微不至地照顾，死后又尽心尽力操办丧礼，而对手则在争夺财产以外的事情上表现冷漠，从而得出他们拥有更合理的继承财产的权利。又如，在与犯罪行为相关的案件中，演说家更加关注如何博取陪审员的同情，他们并不关注当事人的行为是否违反了法律，而是从结果的角度去说明如果"被告被发现有罪"，他和他的家人所面临的不幸。

### （三）逻辑的论证

修辞术被运用到法庭演说中，成为演说家的"重要武器"，其核心在于逻辑论证。施特劳斯在解读亚里士多德的《修辞学》时明确指出，"不论修辞学是什么，修辞学的核心都是修辞演绎"[2]。这种演绎，实质上是一种"推论"。所以，修辞术的核心既不是

---

1 〔古希腊〕柏拉图：《游叙弗伦·苏格拉底的申辩·克力同》，严群译，商务印书馆 1983 年版，第 77 页。
2 〔美〕施特劳斯：《修辞术与城邦——亚里士多德〈修辞术〉讲疏》，何博超译，华东师范大学出版社 2016 年版，第 31 页。

偷梁换柱，例如通过一个人的声誉来证明他犯下了某项特定的罪行；也不是诉诸情感，通过唤起审判员的愤怒和同情而使其作出偏袒不公的判决。相反，修辞术的真正灵魂是通过推论而帮助审判员作出正当的裁决，是在司法公正中应当倡导的"技艺"。

作为一种推理方式，修辞术与形式逻辑的必然推论不同，它寻求的是"或然推理"，其作用主要在于支持或批评某个论点、在法庭上为自己辩护或控告别人。[1]亚里士多德指出修辞性的推论体现为三种样式：看似如此的推论、或然的推论、确证的推论。[2]这种修辞演绎处理事务的核心在于推论，提供"似真"。《修辞学》中提到了一个小故事：有两个人，一个身体瘦弱，一个身体强壮；两个人因事打架，骚扰社会安宁，被拘到法庭论罪；法官要追究谁先实施暴力，即事情的始发者；身体瘦弱者先为自己辩护，说自己弱小，肯定打不过他，不可能先实施暴力攻击；而身体强壮者则说，正是因为一般人不会相信他敢先出手，所以他才先对自己实施了暴力攻击。[3]这里可以看到，亚里士多德的基本推论建立在可信性与可能性的基础之上，他的逻辑与一般的逻辑科学不一样，它所关心的不是命题的推演和真伪的判断，而是以命题的可信性和可能性为前提。

---

1 参见〔古希腊〕亚里士多德：《修辞学》，罗念生译，上海人民出版社2006年版，第19页及其以后。

2 Arist. Rhet. 1359a 6-15.

3 参见〔古希腊〕亚里士多德：《修辞学》，罗念生译，上海人民出版社2006年版，第59页。

亚里士多德同时也区分了修辞术与诡辩："修辞术的功能不同于说服，而在于在每一种事情上找出其中的说服方式。造成'诡辩者'的，不是他的能力，而是他的意图。"[1] 亚里士多德这里似乎在批评诡辩者们过分强调诉诸情感的手段，因为大多数人都遵循自己的情感而生活，他们试图在法庭上利用语言影响裁决者的情绪，即诉诸情感使之动情并达到胜诉的结果。实际上，由于审判的时间并不长，所以陪审团既没有时间也没有程序去验证文件的真实性。演说如果失去连贯性，陪审员就对演说家失去兴趣或者变得不耐烦，甚至开始抗议。因此，修辞演绎的核心在于在有效的时间里实现说服论证，证明所争论的事实存在还是不存在，发生还是没发生，重大还是不重大，正当还是不正当。除此之外，其他引导审判员的行为都不是演说家要做的事情。

### 三、古希腊的修辞学教育与演说术的发展

修辞学和法庭演说的重要意义，不仅使人们在广场、市场等公共场所进行自由论辩演讲成为公共生活中的时髦之事，而且一批以教授修辞学为主业的"智者"和哲人学派相继产生，城邦社会的学术活动也发达起来。甚至，雅典的青少年至少在中等教育阶段的主要课程内容就是文法与修辞。前者包括文学、诗歌，后者则主要是作文、朗诵和演讲辩论。为此，修辞学不仅在古希腊政治文化中充当重要角色，而且在教育中也占有不可或缺的重要

---

1 Arist. Rhet. 1355b. 参见〔古希腊〕亚里士多德：《修辞学》，罗念生译，上海人民出版社2006年版，第29页。

地位¹，并且出现了关于演说的正规教育。

据说这种教育并不是通过设立大学而开展，而是由那些游动的学者开馆授课，即设立修辞学校。他们四处巡回讲学，将知识商业化。诡辩学家中最著名的普罗泰戈拉甚至向每一名前来听课的学生收费 1 万银币。而略微平凡的诡辩学家所收取的学费则较为合理，普罗第库斯（Prodicus）向他的学生收取 1～50 个银币不等。不过，普通民众对于此类教师的出现并不是非常欢迎，因为他们的逻辑和修辞教学收费很高，只有富人阶级的子弟才支付得起高昂的学费。² 按照古典学家的考证，伊索克拉底的演说学校学习时长为 3～4 年，需要完成立意（*inventio*）、布篇（*dispositio*）、措辞（*elocutio*）、记诵（*memoria*）、演诵（*pronuntiatio*）五门基本课程。³ 后世著名的罗马演说家也大都留学希腊或者聘请希腊老师教授修辞学。

修辞学的母体是雅典民主制，而法庭演说则是修辞学的表现主场。无论哪种类型的演说词，也无论演说词针对何种具体事情，其实践目的都不外乎使其具有说服力。为了让演说词富有文采，又让人"易懂"，就有了为雕琢言辞而学习特别修辞手法的

---

1 参见沈瑞英、杨彦璟：《古希腊罗马公民社会与法治理念》，中国政法大学出版社 2017 年版，第 91—92 页。

2 参见〔美〕威尔·杜兰特：《世界文明史：希腊的生活》，台湾幼狮文化译，华夏出版社 2010 年版，第 256 页、第 343—346 页。

3 参见刘小枫：《古希腊的演说术与修辞术之辩（上篇）》，载《外国语文》2019 年第 3 期，第 4 页。

需要。[1]修辞学成为一门学科的重要影响,便是"形成了一种能清楚表达并力图实现严格遵从学科原则,同时独立于其他所有问题的能力"[2]。其在公共演说领域尤其是法庭演说领域的理论化和体系化,也使得修辞学自身发展成为一门正式的学科,并在极大程度上推动了法庭演说的发展,为律师之学的产生奠定了坚实的技术基础。

---

1 参见刘小枫:《古希腊的演说术与修辞术之辩(上篇)》,载《外国语文》2019年第3期,第2—3页。
2 参见〔美〕加林、〔美〕科恩编:《剑桥古希腊法律指南》,邹丽、叶友珍等译,华东师范大学出版社2017年版,第217页。

# 小　结

　　雅典的法律是基于城邦所倡导的"民主"而存在的。但是，对于雅典公民而言，法律既可以是成文法，也可以是他们普遍认可的共同原则——"公正"。暂且不去辩论雅典民主是否真正代表了"迄今为止人类历史上最为民主的政治制度"[1]，至少这种政治体系之下的法律发展极其缓慢，也没有出现古罗马那样特定的法律职业或聚集的法律共同体。

　　第一，由于法律职业的缺失，雅典法庭上的辩护毋宁说是说服陪审团的演说。受制于希腊古典时期的民主司法特征，古希腊的诉讼审判中并没有对法律职业团体的需求。"法律职业的产生被扼杀于摇篮之中，斯多葛学派哲学家芝诺甚至声称'法庭应该

---

[1] 黄洋：《古代希腊政治与社会初探》，北京大学出版社2014年版，第109页。

被完全废除'。"[1]亚里士多德也在其著作《修辞学》中提到,雅典城邦的陪审员就好比是一位银器鉴别者,"专门识别真正的公正与假冒的公正"。实际上,陪审员会竭尽所能在认知层面与情感层面模仿当事人,尤其是被告。到公元前4世纪,随着法律权威的增强,陪审员才开始转向对所谓"立法者"的模仿。[2]演说家利用自己的修辞技巧,从情感和论证方式上塑造陪审员的政治角色,其目的是影响陪审员在特定诉讼场合中的判决行为。他们引导陪审员在认知方面模仿立法者,让陪审员将自己的判决行为想象为与立法者的立法行为相一致。

第二,法制发展受阻是雅典法庭"业余化"的必然结果。在司法审判的过程中,将裁判的权力交给业余化的法庭,或者更准确地说——没有任何法律知识的民众,本身就是不明智的。因为它不尊重法律的科学性和体系性,不允许法律职业团体享有他们应当拥有的高于他人的荣誉和权限,甚至是报酬。有学者指出,雅典人在很多案件中都倾向于以良心而不是以法律为依据作出决定,这是因为他们认为:应该给予陪审员无限制的裁量自由;根据每个案件具体的情况来作出判决,是解决纠纷最公正的方式。但同时在某些案件,例如在一些商事案件中,雅典人确定了一些

---

1　James A. Brundage, *The Medieval Origins of the Legal Profession*: *Canonists, Civilians, and Courts*, the University of Chicago Press, 2008, p. 10.

2　See Vincent Farenga, *Citizen and Self in Ancient Greece*: *Individuals Performing Justice and the Law*, Cambridge University Press, 2006, pp. 316-317, 343.

相关性的规则来限制审判员的自由裁量。[1]从这种意义上来说，雅典人提供了这样一种范式，即偏好于公正和自由裁量而不是严格地适用普遍的法律规则。因此，这必然制约法律的发展，因为法律与律师职业是一对孪生兄弟，它们的成长和发展是同步的。

无论如何，不可否认的是，在古希腊的社会生活中，虽然并没有产生严格意义上的律师，但是希腊法庭辩论主义的审判模式和法庭审判中不断发展的修辞技术为此后古罗马时期律师职业的生成奠定了坚实的基础。

---

1　See Adriaan Lanni, "Verdict Most Just": The Modes of Classical Athenian Justice, in *Yale Journal of Law and the Humanities*, vol. 16, 2004, p. 277.

# II

# 罗马共和国及帝国早期的诉讼代理：法庭演说家

西塞罗半身像
罗马卡比托利欧博物馆

律 师 职 业 的 起 源
THE ORIGINS OF THE ADVOCATUS

然而对演说家却要求具有论辩家的敏锐,哲学家的思想,几乎如诗人般的词语,法学家的记忆,悲剧演员的嗓音,差不多是最杰出演员的表演。要知道,对于从事单种技艺的人们来说,即使他们技能平庸,仍会在那个方面受到称赞,然而对于演说家,如果他不通晓所有的方面,并且表现高超,那他便不可能收到赞赏。

西塞罗《论演说家》 1.128

# 第五章

法学教育与司法诉讼的发展

与古希腊相反,法律在古罗马得到了非常重要的发展,并且形成了"屹立于世界法律体系之林"的罗马法系。以《十二表法》的出现为起点,罗马法开始系统化和成文化,法律以公开和确定的方式得以呈现,同时经由司法裁判而从道德习惯、宗教礼仪中独立出来,并成长为一种具有权威性和体系性的秩序规范。这一时期,法学家的活动达到鼎盛,法学蓬勃发展。法学家们通过创设公正与善良的技艺,构建起成为后世西方法律科学体系之根基的市民法体系。法庭作为重要的公共集会场所,成为通往政治舞台的重要捷径。

一、法学与修辞学教育

(一)古罗马公共教育的产生与修辞学教育的引入

古罗马教育最早产生于何时已经无法考证,尽管古罗马历史学家普鲁塔克(Plutarchus,约46年—120年)将其历史追溯到罗慕路斯建城之前,认为罗慕路斯和雷穆斯兄弟被送到加贝伊的学校接受教育。¹但事实上,古罗马教育真正的产生时间要比建城晚得多,大概在公元前6世纪。与古希腊英雄时代盛行的"骑士教育"不同,古罗马的农业社会造就的是一种"农民式教育"。对于罗马人来说,"教育首先意味着逐渐掌握传统的生活方式"²,这就意味着教育的基本目的是把前人的经验传授给年轻人,而实现这种教育目的的任务,自然而然地就落到家庭的头上。"每个孩子的父亲就是他的教师"³,他们在日常生活中向儿子传授种地、骑马、打猎、游泳、祭祀等方面的知识和技能。这种家庭教育的一般目的,是使男孩成为一个健康强壮的人,向他灌输尊重神灵、父母和法律的思想。那一时期的罗马人认为,要了解一个市民的理想和职责,不是从抽象的理论而是从日常生活行为开始做起。⁴

所以,古罗马早期社会中的公共教育并没有得到认可,当时的罗马政制甚至反对任何详尽而普遍、由法律强制规定的公共教育体系。⁵不过,伴随着罗马疆域的扩张,罗马社会发生了巨大的

---

1 参见〔古希腊〕普鲁塔克:《希腊罗马英豪列传I》,席代岳译,安徽人民出版社2012年版,第51页。
2 〔法〕亨利-伊雷内·马鲁:《古典教育史(罗马卷)》,王晓侠等译,华东师范大学出版社2017年版,第6页。
3 Pliny the Younger, *Epistulae*, VIII.14.6.
4 参见〔美〕R.弗里曼·伯茨:《西方教育文化史》,王凤玉译,山东教育出版社2013年版,第89页。
5 Cic. Rep. 4.3:"对于自由民出生的孩子们的教育,希腊人在这方面徒然浪费了许多精力,但我们的政制反对任何体系上详细统一、法律上强制规定的教育。事实上,我的客人波利比乌斯也正是指责我们的制度在这方面的疏忽。"中文译本请参见〔古罗马〕西塞罗:《论共和国 论法律》,王焕生译,中国政法大学出版社1997年版,第134页。

变化。特别是意大利半岛南部的希腊文化地区被罗马征服之后，古希腊传统的教育文化开始在古罗马广泛传播。尤其是希腊人所擅长的修辞学、文法学、演说术等知识，开始受到罗马人的重视。在这时的罗马世界，进行修辞学训练是个人能够取得成功和进步的关键，是公共职务的敲门砖。[1]最明智的罗马人很快就发现，希腊学校里教授的修辞知识可以为雄心勃勃、出身高贵的政客们带来巨大收益。起初，希腊式的教育是在那些古罗马的贵族家庭中开展的，后来发展到罗马人直接前往雅典的学校就读，例如西塞罗就曾求学于希腊。[2]经过几个世纪后，希腊学校的三级教育体制（初等、中等、高等）也逐渐为罗马人所接受并在各地广泛建立起来。

初等学校在拉丁语中被称为 litterator，由希腊语 γραμματιστης 演变而来，意思是"文字老师"。初等学校和当代的幼儿园—小学阶段类似，主要为了教学生识文断字，通常 7 岁就可以入学。[3] 古罗马的初等学校极度重视文学的教育目标，强调阅读、写作和算术能力，无论是男孩还是女孩，都学习阅读和书写拉丁文。[4]这

---

1 See James A. Herrick, *The History and Theory of Rhetoric*, 6th Edition, Routledge, 2017, pp. 112-114.
2 参见〔法〕亨利－伊雷内·马鲁：《古典教育史（罗马卷）》，王晓侠等译，华东师范大学出版 2017 年版，第 30 页及以后。
3 参见〔法〕亨利－伊雷内·马鲁：《古典教育史（罗马卷）》，王晓侠等译，华东师范大学出版 2017 年版，第 83 页。
4 参见〔美〕R. 弗里曼·伯茨：《西方教育文化史》，王凤玉译，山东教育出版社 2013 年版，第 119 页。

一阶段的教育以读写为主，格律则是学习阅读的基本步骤。《十二表法》恰恰在这一阶段作为经典文本的记忆训练教材而被教授。西塞罗就曾经在《论法律》中提到，"我们童年时曾经把《十二表法》作为必须遵守的规则学习过"[1]，而且，"事实上，我们从小便学会把'传唤去法庭'和一些其他类似的东西称为法律"[2]。这种初级读物式的学习，类似于我们小时候背诵唐诗三百首。教师将《十二表法》的内容改编成有韵律的歌诀，便于记忆和传播，教授给初级阶段的学生。因此在西塞罗的记忆中，《十二表法》是幼年时期必须（necessarium）学习并且记忆的。[3]

古罗马的中等学校就是专门教授语法的学校，通常 11～12 岁的学生开始上中等学校。据史料记载，获得自由的斯普流斯·卡尔维流斯（Sprurius Calvilius）在罗马开办了第一所中学性质的学校。它完全模仿希腊化时期的"文法学校"，由文法学家授课。这一阶段的教育照搬了在希腊化时期东部地区发展的主智教育，主要教授文法和文学。

希腊的修辞学校则被移植到罗马变成了高等学校，学生年龄通常为 15～20 岁。进入高等学校的学生，多半出自贵族家庭，接受良好的教育是他们进入社会最高阶层的入场券。公元前 1 世

---

1　Cic. Leg. 2.23.59.

2　Cic. Leg. 2.4.10.

3　有学者认为《十二表法》的传唱是一种法律基础教育，实际上是初等学校的教材。See Oliviero Diliberto, Ut Carmen necessarium (Cic. Leg. 2.23.59). Apprendimentoe conoscenza della legge delle XII Tavole nel I sec.a.C, in *Letteratura e civitas*. Pisa, 2012, p. 145.

纪初，斯蒂罗建立了第一所拉丁文法学校，随后一些拉丁修辞学校兴办起来。古罗马修辞学校中的课程主要有：修辞学、辩证法、法律、数学、天文、几何、历史、伦理和音乐理论，等等。事实上，高等学校最主要的目的就是培养优秀的演说家，所以学校的老师通常也由著名的演说家或者修辞学家担任。相对于初等学校和中等学校的老师，他们的身份地位较高。

古罗马的高等学校与古希腊的修辞学校略有不同，他们的学生不限于纯粹的理论学习，而是在教师的指导下进行实践训练，其中主要的形式就是作文。作文有两种体裁，一种是"劝诫"，另一种是"论辩"。后者指的是根据法律条文，对某个诉讼作出赞成或者反对的判断。甚至有学者认为，古罗马的修辞学教育基本上是法学教育，只是披上了"修辞学教育"的外衣。[1] 值得赞扬的是，古罗马的高等学校尽管参照了古希腊的高等学校模式，但法律课程的注入无疑是一种巨大的进步。昆体良在其教育理论中就主张所有的学生都应该深入学习法律，而且他的修辞学作品也完全是为培养从事律师行业的演说家而准备的。法国学者亨利－伊雷内·马鲁也指出："修辞教育与实际生活的关联还有另外一层含义，即为学生们铺设了一条通往律师职业的常规道路。"[2]

---

[1] 参见徐国栋：《修辞学校在罗马的兴起和罗马的法学教育》，载《河北法学》2014年第1期，第22页及以后。

[2] Quint. Inst. Orat. 12.3. 参见〔法〕亨利－伊雷内·马鲁：《古典教育史（罗马卷）》，王晓侠等译，华东师范大学出版社2017年版，第130页。

## (二)私塾学徒式的法律职业教育

法庭演说家得益于法律的世俗化和法学教育的产生,后者又建立在公共教育和修辞学教育的基础之上。我们应该承认,法学教育是罗马法律成文化的衍生物。因此,我们的研究应该以西方法律世界的第一部成文法——《十二表法》(公元前449年)的颁布为起点。"使罗马城邦建立于法律的基础上"[1]之后,《十二表法》、由它而产生的市民法,以及以它为基础而形成的法律诉讼成为这一时期解决纠纷的主要依据。但是,"无论是对法进行解释还是诉讼的知识都属于祭司团体的职权,每年有一名祭司主持处理私人事务,而且这一习惯被沿用了大约100年"[2]。在这100多年里,祭司团体垄断了法律知识,他们只以答复(responsum)的方式帮助罗马市民解决在法律上所遇到的问题。

直到公元前300年左右,这种垄断局面才被打破。一个叫作阿庇乌斯·克劳狄乌斯·凯库斯(Appius Claudius Caecus)的人整理并且以确定的形式编辑了关于诉讼的知识,随后他的秘书格涅乌斯·弗立维乌斯(Gnaeus Flavius)将其公之于众。[3] 不过,贵族出身的祭司们仍然是这一时期法律知识的保存者、传播者和解释者。[4] 事实上,在提贝鲁斯·克伦卡尼乌斯(Tiberius Coruncanius)

---

[1] D. 1.2.2.4.
[2] D. 1.2.2.6.
[3] D. 1.2.2.7.
[4] 参见高鸿钧、赵晓力主编:《新编西方法律思想史》(古代、中世纪、近代部分),清华大学出版社2015年版,第69页。

之前，没有人公开传播过市民法。¹ 他宣称自己随时准备回答那些希望了解法律的人的问题，是第一个公开讲授法的人。² 此后，法律知识对所有人开放，这才开始了公开的法学教育。³

浩瀚的历史材料似乎并未给法学教育的不同时期留下明确的历史界限。但可以大致推测，私塾式的法学教育是在公共基础教育的同时或者稍晚些时候发展起来的。这是因为，在塞斯图斯、阿提利乌斯、穆齐、布鲁图、马尼利乌斯等几代法学家的努力下⁴，法律被披上了"科学"的外衣。法学家们除为市民解答法律问题、帮助顾客进行诉讼、起草法律文书之外，还开始传授法律知识和法庭辩护的技艺，培养自己的学生，传播自己的法律思想。而伴随着古典法律的兴盛，诉讼程序的发展、执法人员的专业化使得法律知识逐渐成为一种大众需求，罗马共和国时期的公共基础教育方式显然已经无法适应社会的发展需求。例如，在这一历史时期所适用的程式诉讼中，请求原因、请求标的发生错误都会导致败诉。因此，诉讼实践中，人们越来越偏好求助专门性法律人才。

公元前 1 世纪初叶开始，但凡有一定水平的古罗马法学家都开馆招生⁵，凡是拥有追随者的法学家们都可以不受限制地讲授法

---

1　D. 1.2.2.35.

2　D. 1.2.2.38.

3　See Charles P. Sherman, The Study of Law in Roman Law Schools, in *Yale Law Journal*, vol. 17(7), 1908, p. 500.

4　D. 1.2.2.38; D. 1.2.2.39.

5　参见张学仁：《古代罗马的法学教育》，载《法学评论》1984 年第 1 期，第 58 页及以后。

律。凯撒甚至第一次授予在罗马教授医学、文法和修辞学的希腊教师罗马市民籍。[1]奥古斯都及其继承者们授予法学家"解答权",法学家的解答成为一种正式的法律渊源。这一时期的法学家享有极高的社会地位,"在我们祖先的诸多光辉思想中,学习和解释民法知识将会赢得高度的敬仰"[2]。但是,法学教育并不像文法、修辞学和医学一样已经得到国家的承认和支持。他们没有固定的教室,老师需要自己寻找教室,而且固定的老师也不是很多。学校的负责人和著名的法学家们不太可能收取报酬,只是以接受赠礼的方式来获得回报。虽然初级的教师是收取报酬的,但是在有学生不支付的情况下,他们也无法通过法律诉讼来获得救济。[3]

据彭波尼的记载,在公元1世纪至公元2世纪期间,罗马有两个非常著名的法学流派,即萨宾学派和普罗库卢斯学派。而这两大学派的渊源其实是两所私塾,由于它们分别使用了不同的教材,在长期的教学过程中才逐渐形成了学派。彭波尼还提到这些私塾是收费的,但是具体数额并不清楚。[4]他们在教授修辞学的同时,也教授法律。有学者认为,很有可能是萨宾创办了最早的

---

[1] Fritz Schulz, *Storia della Giurisprudenza Romana*, Sansoni, 1968, pp. 110ss.

[2] Cicero, *The Loeb classical library*: *De Officiis*, Loeb Classical Library edition, 1931, pp. 240-241.

[3] See Charles P. Sherman, The Study of Law in Roman Law Schools, in *Yale Law Journal*, vol. 17(7), 1908, p. 502.

[4] D. 1.2.2.47-48, 50-53. See Jams. A. Brundge, *The Medieval Origins of the Legal Profession*: *Canonists, Civilians, and Courts*, the University of Chicago Press, 2008, p. 19.

私人法律学校[1]，他的三卷本《论市民法》就是用于教授学生的教材[2]。著名的罗马法学家拉贝奥也是当时著名的导师。这一时期的法学家们开办法律学校，主要目的是通过办学来建立和扩大自己的学派及其影响力，并以学校为阵地进行法学论辩。格罗索（Giuseppe Grosso）也认为，萨宾学派和普罗库卢斯学派之所以被说成是两个不同的学派，并不是思想流派上的不同，而应当从学校的意义上来理解，即它们其实是两个在不同驻地的学校，其实质差异是师派传承的差异而不是法学观点上的差异。[3]

在公共学校接受完基础教育之后，要继续学习法律并立志成为演说家或者国家公职人员的年轻人会继续实践学习阶段。他们通常来到某个与自己家庭有某种情谊或者联系的法学家家里，接受一种传统的学徒式教育。学生住进老师的家里，与老师及其家人一起生活。古罗马历史学家塔西佗（Publius Cornelius Tacitus）有这样的记载："在过去，那些注定要成为雄辩家的年轻人，已经接受过家庭教育的培训并富有学识，他们被自己的父亲或亲戚委托给那些在城市中具有崇高威望的演说家。他们经常在法庭和集会上陪同、护卫这些演说家，倾听他们的每一场演讲，这样一来，他们事实上也参加了辩论，可以这样说，他们正是在战斗中

---

1　See Charles P. Sherman, The Study of Law in Roman Law Schools, in *Yale Law Journal*, vol. 17(7), 1908, p. 502.

2　Fritz Schulz, *Storia della Giurisprudenza Romana*, Sansoni, 1968, pp. 215ss.

3　Giuseppe Grosso, *Storia del Diritto Romano*, G. Giappichelli Editore, 1965, p. 483.

学会了搏斗。"[1]例如，西塞罗就曾随占卜官昆图斯·穆基乌斯·谢沃拉（Quintus Mucius Scaevola）学习法律。白天，当有客人来咨询法律意见的时候，学生站在老师身边，学习老师如何分析和解决具体市民纠纷；学生时常陪伴老师去广场或者其他公共场所发表演说，聆听老师如何将修辞学运用于演说词中。在这种耳濡目染中，学生能够详细观察老师如何作为一个法律顾问帮助一方当事人起草文书、提起诉讼和进行辩护，如何作为执法官的参谋帮助他拟定诉讼程式，甚至是如何作为法官来判决纠纷案件。晚上，学生与老师进行交谈，讨论感兴趣的案例，请求老师解答法律书籍中的疑难问题，回忆老师的导师或者前一代法学家。学生把自己认为应该记录下来的东西做成笔记。[2]可见，这是一种浸透式的实践性教育，学生学会的是如何去处理具体的案件，这种教育直接反映了罗马法学的实践本质。

伴随着司法实践的需求和法律科学的迅速发展，法律职业教育后来也逐渐得到国家权威的认可。公元1世纪的维斯帕芗皇帝（Titus Flavius Vespasianus，公元9—79年）因其对教育机构的赞助和支持而闻名。他给文法学家、修辞学家、医生和哲学家很多公共义务的豁免权，免除他们的税收和兵役，并且赋予他们特权。被任命为罗马一所修辞学校校长的昆体良还最早提出了集体教学的设想，认为"更多的学科必须由一个教师同时对许多学生进行

---

1 Tac. Dial. 34.

2 Fritz Schulz, *Storia della Giurisprudenza Romana*, Sansoni, 1968, pp. 111ss.

教学"。事实上，到罗马帝国时期，修辞学已经逐渐失去政治演说的功能，而变成纯为法庭辩护的技艺。因此，古罗马的修辞教育学校，事实上也是为法学教育或者培养法律实务人才提供准备。

### 二、司法诉讼的发展：从法律诉讼到程式诉讼

倘若要对古罗马的司法体制和古希腊的进行一种笼统的比较的话，那么最显著的特征就是，古罗马的司法体制从治权（imperium）中派生出来了司法权（iusdictio），并且设立了专门的执法官。这样一来，纠纷的解决必须按照确定的法律和具体的程序进行，以保证结果的正当性。

随着罗马疆域的不断扩大，经济的发展使得法律关系变得复杂，过于僵化的法律诉讼已经无法完全适应社会的发展。根据公元前17年颁布的《关于私人审判的尤利法》（Lex Iulia Iudiciorum Privatorum），程式诉讼正式代替了法律诉讼。此时，诉讼由两部分组成：在法律审（in iure）中，先由当事人双方分别在执法官面前陈述争议的事项和诉讼请求，然后由执法官从名册中指定一名承审员并制定诉讼程式；在裁判审（apud iudicem）中，由被指定的承审员根据在法律审阶段确定的程式来审查事实并作出裁决。由于新的诉讼程序保持着强制性仲裁的特点，当事人的参与开始具有了实质性意义。然而，无论是在法律诉讼时期，还是在程式诉讼时期，主持审判的执法官与承审员都没有受过专业的法律训练。执法官由民众选举产生，而承审员则由双方当事人商定或执法官指定。

另外，这一时期还确立了公诉制度。任何市民均可作为共同体

公共利益的代表提起控告。但是，以控告者身份出席的人必须提出诉讼请求（postulatio），经过执法官的受理后还要参加法庭辩论。

诉讼程序的改革使得诉讼当事人开始意识到法律知识的重要性。首先，诉讼中的一切言辞和动作，必须由当事人亲自为之。其次，原告在诉讼时必须要指出根据告示的哪一具体条款而获得诉权，而被告也需要指出具体的法律依据来为自己进行辩护。所以，任何一方都需要知悉法律知识和拥有辩论技巧的专业人士来帮助自己进行诉讼，对法律的无知会直接导致败诉。例如，在程式诉讼中，如果请求原因者请求标的发生错误，比如原告的申请超出其应请求的范围，将价值 800 阿斯的标的物错误地申请为价值 900 阿斯，会因"数量的过分请求"（plus petitio re）而败诉；又或者，3 月份起诉 8 月份到期的债务，则会因"时间上的过分请求"（plus petition tempore）而败诉。而且，由于罗马法中遵循"一案不二讼"的原则，对同一案件不得再次起诉，当事人会因此永久地丧失其获得司法救济的权利。

同时，这一时期法学家的活动达到鼎盛，罗马法学发展迅猛。随着市民法的不断完备，裁判官的自由裁量权不断扩大，同一事实甚至可能会拥有多种诉权，非法律专业人士很难正确适用法律以维护自己的合法权益。所以，在诉讼中请求具有法律才能的人帮助诉讼，逐渐成为一种刚性需求。[1]

---

[1] 参见黄美玲：《律师职业化如何可能——基于古希腊、古罗马历史文本的分析》，载《法学家》2017 年第 3 期，第 87 页及以后。

# 第六章

## 法庭辩护人

伴随着诉讼程序的发展,法律理论与实践均在罗马时期得到了良好的发展。同时,修辞学与法学教育的发展,也为专业的法庭辩护奠定了坚实的技术基础。不同于雅典,那些在古罗马提供法律服务的人,不以之作为谋生手段,仅仅是提供一种慷慨的帮助,因此起初便享有较高的声誉。西塞罗在《论演说家》中说道:"在希腊,那些卑微的人以微薄的报酬为辩护人提供着法庭协助。而在我们的社会却恰恰相反,那些最体面的、尊贵的人正在从事这样的工作。"[1]

事实上,在罗马共和国时期及罗马帝国初期,并没有出现可以翻译为"律师"的专业术语。但是,"该职业的产生实际上要

---

[1] Cic. De Or. 1.

比其称呼更早一些"[1]。根据李维在史料《自建城以来》中的记载，在这一时期为当事人提供辩护的人被笼统地称呼为"诉讼保护人"（patroni causarum）。[2] 著名的罗马历史学家阿斯库尼乌斯·佩狄亚努斯（Asconius Pedianus）（公元前9—76年）留下的一则片段，可以帮助我们对古罗马社会中的法庭辩护参与人进行全景式的了解："在诉讼中为他人进行辩护的下列人被称为诉讼保护人（patronus）：或是扮演了演说者（orator）的角色，或是提出法律意见和帮助朋友自己出席诉讼的辩护人（advocatus），或是诉讼代理人（procurator），或是诉讼代表（cognitor）。"[3]

### 一、诉讼保护人

从词源学角度分析，诉讼保护人（patronus）一词，由中心词"patri-"以及后缀"onus"组成。"patri-"来自"pater"一词，意为"家父"，在古罗马时期是指具备一定"治权"的父亲或具有父系亲属关系的人。"onus"具有负载、负担的含义。因此"patronus"可以引申为提供支持、保护的人。在词典中，该词具有三种含义：①保卫者、捍卫者、护卫者；②辩护人、法律庇护

---

1　E. W. Timberlake, Origin and Development of Advocacy as a Profession, in *Virginia Law Review*, vol. 9, 1922, p. 27. 按照罗斯科·庞德的研究，虽然早在古希腊和古罗马时期就有了担任各种功能的律师，但是其作为一门职业产生却是后来的事情。See Roscoe Pound, *The Lawyer from Antiquity to Modern Times*: with Partiular Reference to the Development of Bar Associations in the United States, West Pub. Co., 1953, p. 6.

2　Liv. 42.14.7.

3　Antonius Matthaeus, *De criminibus ad lib. XLVII. et XLVIII. Dig. commentarius*, Ex officinâ Johannis à Waesberge, 1661, p. 609.

者、律师；③领主。¹ 由此，我们可以发现，"*patronus*" 的含义都围绕提供支持、保护的功能展开。

实际上，由于该词反复在文学文献和法律文献中出现，历史学家和法学家对于该词的理解和翻译并不一致。有学者认为应该翻译为广义上的演说家，但是也有人认为仅指那些在法庭上发表演说的人——可能作为证人，也可能作为简单的支持者。著名学者 W. Neuhauser 专门写了一本考据 *patronus* 和 *orator* 的专著，认为两者常常被混用。² 同时，他将庇主的词源与"治权"联系起来，认为庇主起源于氏族的家父。但是，西塞罗的演说词《反凯西留斯》告诉我们庇主可能以发言人或者支持者两种不同的身份出现在法庭上。"在法庭上为他人进行辩护的人如果是发言人的话，可以被称呼为'庇主'，如果是在法律上给予支持或者仅仅以出席的方式帮助朋友的话，被称呼为'支持者'。"³ 但是罗马帝国时期的更多文献中，直接将它翻译为"律师"。

诉讼保护人确实起源于古罗马早期的庇护制度（*clientela*）。⁴ 根据狄奥尼西奥斯（Dionysius of Halicarnassus）的记载，罗慕洛斯将平民与贵族区分开，并分别规定他们的义务。此外，他还将

---

1 参见谢大任主编：《拉丁语汉语词典》，商务印书馆 1988 年版，第 396 页。
2 Vgl. Walter Neuhauser, *Patronus und Orator: Eine Geschichte der Begriffe von ihren Anfängen bis in die augusteische Zeit*, Universitatsverlag Wagner, 1958.
3 Cic. Div. Caec. 65.
4 See George Kennedy, *The Art of Rhetoric in the Roman World 300 B.C.-A.D. 300*, Princeton University Press, 1972, p. 13.

平民委托给贵族,每个平民都有权选择一位保护者。[1]因此,贵族与平民以及弱势人群之间就形成了"庇护"关系,贵族被称为庇主,而平民则被称为门客。庇主与门客之间是一种互惠关系[2]:庇主运用自己的影响力去帮助和保护他的门客,作为回报,门客向他的庇主提供一定的服务。在法庭诉讼中,贵族出于义务为他们的门客提供帮助以使他们在诉讼中获得胜利,但他们起初仅仅是利用自己的社会威望给予门客支持。普劳图斯就在他的作品《孪生兄弟》中提到了这一幕:

> 那些不尊重法律,不崇尚公平和正义的人,总是会拥有热心的庇主。他们否认给过的东西已经给过了,他们充斥着诉讼、贪婪与欺诈,他们不是靠放高利贷就是靠作伪证获得财产。当(执法官)指定审判的日子后,(在这个案子交由法庭或市政官正式审理前)门客同时会告诉庇主,以便他们可以为他们所做的错事辩护。这就是今天所发生的一个门客如何让我忙碌,使我不能做我想做的事,不能和我想一起工作的人一起工作,以至于耽误了我所有安排的全过程。在面见市政官前,我曾为他无数的罪行辩护,并呈递了复杂晦涩的辩护词。我说得已经够多了,也比我需要说的要多得多,以确保能够顺利结束本次诉讼。[3]

---

1 Antiquitates Romanae. 2.9-11.
2 See William Forsyth, *The History of Lawyers: Ancient and Modern*, the Lawbook Exchange Ltd., 2010, p. 81.
3 Pl. Men. 4.2.

实际上，诉讼保护人的产生与发展和诉讼程序的发展是紧密相关的。最早的时候，王政时代的司法权由王一人独揽。到了共和国时期，王的职权改由执政官行使。直到公元前367年，才专门设置了处理民间纠纷的裁判官。在法律诉讼（legis actiones）时期，诉讼依据严格的形式主义进行。这种古老的诉讼形式是一种非常僵化的程序，审判的结果并不是建立在事实调查的基础之上，而是取决于例如赌誓之类的偶然性因素，例如典型的法律誓金之诉。也就是说，对案件的举证和判决通过非理性的或者超自然的方式解决，判断事实的方法往往依赖想象中的神明力量。所以，审判工作实质上也就是一场赌博，完全不需要专业的法律知识。而且，传唤和执行都由原告发起和进行，诉讼主动权在当事人而不在执法官员，自力救济占主导地位。因此，跟古希腊法的规定一样，当事人必须亲自出庭[1]，只有在法律规定的特殊情形中才允许以他人的名义提起诉讼[2]，这些情形包括：①为维护公益事业而提起的诉讼，比如民众诉讼（actiones populares）；②为维护自由权而提起的诉讼；③为维护受监护人的利益而提起的诉讼，或者其他市民对不称职的监护人提起的诉讼；④以缺席者的名义提起的盗窃之诉。所以，最早的诉讼保护人往往只出现在庭审中，以其名誉为门客进行担保，从而帮助他们获得陪审团的支持。而且，庇主为防止自己的名声受损，也会积极监督门客。

---

1 D. 50.17.123.

2 Gai. 4.82.

因诉讼案件的不断增多与诉讼程序的发展，庇主开始在庭审中帮助门客进行法庭演说辩护。大多数庇主接受过良好的教育，通晓修辞技巧和法律知识，他们常常通过"情感演说"来说服陪审团。据说，庇主在为门客进行辩护以证明其清白时，他们不仅会倾诉委屈来博取陪审员的同情心，而且会通过证明门客的努力来获得陪审团的好感。至此，庇主对门客的保护功能突破了他原本所提供的支持和担保，在很大程度上替代了当事人自己的辩护。[1] 据记载，西塞罗就通过展示当事人获得演说技巧所付出的努力，呼吁陪审团作出有利于自己当事人的判决："他必须放弃一切令他快乐的事物，放弃休闲、娱乐，拒绝所有的聚会，甚至几乎放弃与朋友进行交谈。"[2]

随后，庇主的法庭演说逐渐扩大到任何向他们寻求帮助的人，而不再局限于庇主与门客的基础关系。无论是平民阶层还是贵族阶层，都可以向自己演说技艺高超的朋友寻求帮助。不过，他们仍然有别于我们现代意义上的律师，起初并不提供专业的法律意见，也不直接代理当事人的法庭辩论，而是以当事人助手的身份出现，通过他们的威望或者演说才能"帮助或协助"当事人进行法庭辩护，类似于我们现代英美法中的"出庭律师"（barrister）。至罗马共和国末期，帮助辩护的庇主逐渐形成一个提

---

[1] See Jonathan Powell and Jeremy Paterson (eds.), *Cicero the Advocate*, Oxford University Press, 2004, p. 282.

[2] Cic. Cael. 19.46.

供辩护帮助的群体,并且被统称为"诉讼保护人"。[1]

　　要成为一名诉讼保护人,不仅需要一定的社会地位,而且还要具备演说才能和丰富的学识。他们通常学习过法庭演说术,善于运用修辞技巧帮助当事人说服陪审员。他们还精通历史学、天文学、地理学、神学等知识,特别是法律知识,能够较好地应对法庭辩论。西塞罗就指出,对于一个杰出的诉讼保护人来说,法律知识的必要性不亚于历史、地理或哲学等其他学科。[2]对法律的无知自然会损害当事人的利益甚至是诉讼保护人本身的声誉。有文献提到,在一些重要的案件中,甚至出现了数个诉讼保护人合作辩护的情形[3],其目的就是确保诉讼保护人的学识储备足够获得诉讼的胜利。还有片段提到了一个诉讼保护人应该懂得利用自己的情绪:

> 我要让你自己承认,我在性格上还是个年轻人,所以在所有的事情上,我都会有很多善良的行为。你需要一个冷酷、愤怒的辩护人吗?我就是!你需要一个温和一点的吗?你要叫我比寂静的大海还温和,我就会比西风之神泽费罗斯(Zephyr)还要温和。从相同的意义上,我将为你带来最快乐的客户服务、一流的食客体验和完美的宴席。其次,说到跳

---

[1] See George Kennedy, *The Art of Rhetoric in the Roman World 300 B.C.-A.D. 300*, Princeton University Press, 1972, pp. 13-14.

[2] See Rena Van den Bergh, The *patronus* as Representative in Civil Proceedings and His Contribution Towards the Attainment of Justice in Rome, in *Fundamina*, vol. 15(2), 2009, pp. 159-173.

[3] Cic. Brut. 207-209.

舞，娈童都不如我柔韧。[1]

起初，庇主支持门客的行为只是一种义务援助，不收取任何报酬。他们受到人们的尊重，当事人往往会根据自己的意愿通过赠与来表达对他们的感激。对于希望从政的庇主来说，不仅可以借此稳固与门客的关系并扩张自己的势力，而且帮助门客赢得诉讼有利于使自己获得更好的声誉和影响力，甚至可能通过胜诉地位更高的庇主而获得意想不到的政治资源。[2]但是，在诉讼保护人逐渐职业化的过程中，一些有经验的庇主借机谋取利益，甚至直接向当事人索要报酬。[3]尽管公元前204年的《关于赠礼的琴其亚法》(Lex Cincia de Donis et Muneribus) 就已经禁止辩护人收受当事人财物作为报酬，但这种禁令并没有起到多少作用。西塞罗富可敌国，他就公开表示他的大部分财富都是在他担任诉讼保护人期间直接或间接获取的。[4]

## 二、法律顾问

在浩若烟海的罗马法文献中，很多关于法学家的称呼都常常被翻译为法律顾问 (iuris consulti)，如"法学专家"(iuris

---

[1] Pl. Mil. 3.1.

[2] See Rena Van den Bergh, The *patronus* as Representative in Civil Proceedings and His Contribution Towards the Attainment of Justice in Rome, in *Fundamina*, vol. 15(2), 2009, pp. 159-173.

[3] See Leanne Bablitz, *Actors and Audience in the Roman Courtroom*, Routledge, 2007, p. 145.

[4] Cic. Mur. 8; Cic. Off. 2.69.

peritus）[1]、"法律顾问"（iuris consultus）[2]、"法庭演说家"（oratores）、"法学家"（prudentes）[3]、"法的建设者"（iuris conditores）[4]和"早期法学家"（veteres）[5]等。这大概是因为，罗马法学家阶层最初只是在具体案件中给予建议，他们或是通过对法律争议的裁决提出意见，或是通过对庄严的法律行为提供指导。将这些活动不断智识化并且发展成为科学，以及获得报酬和独立的社会地位是后来的事情。

正如我们前面提到的，在罗马法律产生的初期，法律顾问的职能被贵族阶层的祭司所垄断，他们掌握了法律解释与法庭诉讼的全部内容。直到阿庇乌斯·克劳狄乌斯·凯库斯对当时的法律进行整理并由他的秘书格涅乌斯·弗立维乌斯公之于众时[6]，祭司的法律垄断地位才被打破。虽然法律公开之后祭司不再享有垄断的法律解释权，但是直至公元前2世纪初期，祭司团体仍是提供法律服务的主要群体，毕竟法律的完全世俗化不可能一蹴而就。一些著名的大祭司，如昆图斯（Quintus Fabius Maximus Servilianus）、卢修斯（Lucius Iulius Caesar）、阿庇乌斯（Appius Claudius Pulcher）、盖乌斯（Gaius Claudius Marcellus）和马库

---

1　D. 1.2.2.36.
2　D. 20.2.9.pr.
3　C. 1.17.
4　C. 1.14.12.1.
5　D. 2.14.39.
6　D. 1.2.2.7.

斯（Marcus Valerius Messala）就常常为民众担任法律顾问（*iuris consulti* 或 *iuris prudentes*），有学者甚至将他们称为"祭司法律顾问"（pontiff jurisconsults）。[1]

祭司法律顾问精通市民法知识，他们为寻求法律帮助的人提供解答（*responsa*）和正确的法律程式（*formulae*），并且帮助他们的咨询者处理各种专业的法律问题。这些问题涉及罗马私法的方方面面：继承人和代位继承人的任命、取消继承权、监护人的任命、遗产的处分、婚姻的缔结、婚约、收养、解放奴隶、物的转让、合同的拟定、合同的撤销以及担保，等等。也正是这些法律解答推动了罗马实体私法的发展。基于祭司法律顾问的权威和地位，他们的解答常常经由法庭的采纳而形成新的法律规则或者判决范式。演说家卢修斯（Lucius Licinius Crassus）就曾经提到祭司因为身份而获得的司法权威性：

> 在我们的国家中，最受尊敬和最有名望的人……由于他们的才能而获得显赫地位，因此能够提供法律意见，而这些意见的分量与其说取决于他们的才能，不如说取决于他们的权威地位。[2]

不过，祭司法律顾问的法律意见并不一定倾向于咨询者。有文献就提到大祭司普布里乌斯（Publius Licinius Crassus）曾制定

---

1 See Fritz Schulz, *History of Roman Legal Science*, Oxford University Press, 1946, p. 41.

2 Anton-Hermann Chroust, Legal Profession in Ancient Republican Rome, in *Notre Dame Law Review*, vol. 30, 1954, pp. 103-105.

过对其咨询者不利的法律程式。这是因为,祭司在罗马社会中具有非常重要的地位,他们是正义的化身:

> 耕耘正义,传播善良和公正的知识,区分公正与不公正,辨别合法与非法……追求的是一种真正的而不是表面上的哲学。[1]

在罗马共和国中期,随着法律世俗化进程的加快,祭司团体的法律垄断地位消失,一些世俗法律顾问陆续得到公众的认可,如塞尔维乌斯(Servius Sulpicius)、盖乌斯(Gaius Trebatius)、马库斯(Marcus Terentius Varro)和格拉纽斯(Granius Flaccus),有学者称他们为"非祭司法律顾问"(Non-pontiff jurisconsults)。但实际上他们均来自大祭司尤利乌斯(Julius Caesar)的圈子[2],与祭司法律顾问保持着紧密的联系,对法律问题的解答也完全遵循祭司所作出的决定,所以法律顾问职业仍然掌握在贵族阶层手中。[3]

从职能上来说,法律顾问(*iuris consulti, iuris prudentium*)承担的职能与现代律师职业的咨询服务部分比较接近。

首先,从广义层面上来说,他们回答法律问题(包括程序性的问题)并且提供法律建议,受众包括公民个人、执政官以及法律初学者。在西塞罗时期,为大众提供常规的法律咨询服务通

---

1 D. 1.1.1.1.

2 See Fritz Schulz, *History of Roman Legal Science*, Oxford University Press, 1946, pp. 40-41.

3 See Anton-Hermann Chroust, Legal Profession in Ancient Republican Rome, in *Notre Dame Law Review*, vol. 30, 1954, p. 106.

常是由一些年轻的初级法律顾问或者资深法律顾问的下属进行的，资深法律顾问通常只代理他们朋友或者一些贵族咨询者的案件以及疑难案件。[1] 从狭义层面上来说，则专指为咨询者提供的关于司法诉讼方面的解答，被称为"法学家解答"（*responsa prudentium*）。不过，一个被控犯罪的人为了确保获得胜诉，不仅会请多位演说家（有时多达 12 个）为他辩护，同一个私法问题也可能会咨询多位法律顾问以获得最优的法律解答。例如，西塞罗在为他的朋友普布利乌斯（Publius Silius）就继承问题提供法律解答的时候，就使用了来自特雷巴图斯（Trebatius）、塞维鲁斯（Servius）和奥菲留斯的解答[2]。《学说汇纂》中也提到过对于同一问题的不同法律意见，例如法律顾问奥菲留斯和卡舍利乌斯（Cascellius）针对同一问题提供了各自的法律解答。[3] 法律解答没有形式要求，通常是对法律问题的口头回答，只有在将此问题提交法庭时，法律顾问才会提供书面答复。

其次，法律顾问还会为咨询者起草遗嘱、合同等重要法律文书。在当时，由具备法学专业知识的法律顾问为市民撰写遗嘱已

---

1  See Fritz Schulz, *History of Roman Legal Science*, Oxford University Press, 1946, p. 49.

2  Cic. Fam. 7.21.

3  D. 28.6.39.2. See Fritz Schulz, *History of Roman Legal Science*, Oxford University Press, 1946, p. 52.

经是比较常见的行为。[1]他们创造的一些遗嘱与合同的形式甚至被保留在了罗马法中并以他们的名字命名，例如穆齐保证（cautio Muciana）[2]、阿奎里要式口约（stipulatio Aquiliana）[3]、阿奎里后生子（postumi Aquiliani）[4]。在诉讼从法律诉讼转为程式诉讼以后，法律顾问还为当事人选择并草拟适当的程式书状（formulae），再交由承审员根据程式所载争点和指示而为审判的程序。这个过程十分类似于现代律师在开庭前为当事人准备起诉状和应诉答辩状。

法律顾问的法律意见是推动罗马法实体法和程序法发展的重要助力。法律顾问将自己的法律意见写入法律文书和程式，在被裁判官认可的过程中，创造了新的诉讼程式。例如，在私犯

---

1 D. 31.88.17："我，卢修斯·提提乌斯（Lucius Titius），起草了这份遗嘱。我最后的遗嘱，没有任何学过法律的人的帮助，选择遵循我的意愿，而不是遵守过于特殊和过度精确（的法律）。因此，如果我在此处包含了任何不符合法律规定或明显缺乏法律知识的内容，则头脑清醒的人的意志仍应被视为在法律上有效。"该片段可以从反向证明，在当时，由法律专业人士撰写遗嘱是常态，不具备法律专业知识的人自己订立遗嘱是例外。

2 以法学家穆齐·斯凯沃拉（Mucio Scevola）的名字命名，指裁判官要求继承人或受遗赠人在附条件（conditio）的继承或遗赠中提供的担保，在此担保提供后，上述继承人和受遗赠人可以获准享用遗产或遗赠物，但当有关的解除条件出现时，他们应当返还遗产或遗赠物。参见黄风编著：《罗马法词典》，法律出版社2002年版，第49页。

3 一种由法学家阿奎里·加卢（Aquilius Gallus）创造的要式口约，其作用在对于已缔结的非文字契约实行更新，即将其他口头契约转变为要式口约，以便通过只适用于要式口约的正式免除方式加以消灭。参见黄风编著：《罗马法词典》，法律出版社2002年版，第235页。

4 以法学家阿奎里的名字命名的后生子类型，指先于被继承人而死的儿子留下的子女，该子女是在被继承人死后才出生的。此种后生子享有与自家后生子（postumi sui）相同的法律地位。

领域，著名的《阿奎利亚法》（Lex Aquilia）便由法律顾问们通过提供不同的程式，提起扩用之诉（actio utiles）将其扩充。又如，《十二表法》中关于侵辱（iniuria）的规定也被由众多程式逐渐固定下来的侵辱之诉（actio iniuriarum）替代，侵辱的范围也从对人身的侵犯扩大至道德层面的损害。此外，恐吓之诉（actio metus）和诈欺之诉（actio de dolo）也是这个时期法律顾问的创新。另外，法律顾问还实质性地推动了具体法律制度的发展，例如在契约领域，对诺成合同法律效力的承认就要归功于法律顾问。据记载，是一些法律顾问向执法官提供了买物之诉（actio empti）和卖物之诉（actio venditi）的程式，用这些程式指引承审员（iudex）根据诚信判决被告支付对原告的欠款，这些程式被执法官采纳并被承审员应用于法庭审判中。[1]

实际上，法律顾问就是罗马法学家，他们在罗马法的发展历程中发挥着举足轻重的作用。法律顾问们在为咨询者提供法律解答、为他人起草遗嘱与合同的过程中，源源不断地为罗马私法制度注入新鲜的血液；此外，他们还将法律智慧运用于诉讼中，通过提供不同的程式不断地创造新的诉讼类型，丰富罗马的诉讼制度。为了凸显法律顾问对创新性程式的贡献，还会以提供这个程式的法律顾问命名。[2]有时候，诉讼程式在最初颁布时并不是那么

---

1 See Fritz Schulz, *History of Roman Legal Science*, Oxford University Press, 1946, p. 51.

2 例如 *iudicium cascellianum* 就是以法律顾问 Cascellius 命名的。See Moriz Wlassak, *Die klassische Prozessformel*, Hölder-Pichler-Tempsky, 1925, p. 32.

理想，法律顾问也会不断将其完善。

其实，有文献提到法律顾问还会代表当事人出庭应诉。不过，公元前 2 世纪中期以后，他们几乎不再代理当事人参加法庭诉讼，而是专注于更专业的法律知识服务。虽然也有法律顾问，如昆图斯，尝试为当事人进行法庭辩护，但是遭到了演说家西塞罗的嘲讽。西塞罗批评昆图斯的法庭演说形式太过于法律专业化，不能说他是一位演说家，只能说他是法律顾问中最出色的演说家。[1]

法律顾问退居法庭辩护之外，应该归因于罗马诉讼的改革以及修辞学在法庭辩护中的应用。法律顾问更加擅长利用法律知识准备程式诉状，而演说术的短板让他们无法在庭审时占据有利位置。法律顾问不精通修辞学，而且他们也没有意愿在这方面精进自己。事实上，他们甚至在希腊修辞术在罗马"肆意横行"的情况下感到不安。他们有着自己对于罗马法律科学的坚守，拒绝忍受令人讨厌的修辞技巧，认为不择手段为当事人提供辩护的演说家们扼杀了珍贵的法律理性，冒犯了他们的职业。[2] 于是，渐渐地，在与演说家团体的争锋碰撞中，或者说是不屑于与演说家团体进行正面交锋，法律顾问退出了法庭辩护的舞台。他们仅仅为当事人提供法律上的帮助，发挥着准司法（quasi-judicial）的功能，

---

1　Cic. De Or. 1.180.

2　See Fritz Schulz, *History of Roman Legal Science*, Oxford University Press, 1946, pp. 54-55.

为演说家们进行法庭辩论尽可能地提供正确的法律指引。正是这些出身贵族的法律顾问保持的最高职业标准,使罗马法获得了支撑其发展的尊严和权威。[1]

早期的罗马法律顾问并不收取报酬。西塞罗认为这是一种"善行",但是贵族阶层提供法律服务更多是为了获得更高的社会评价,提升自己的社会地位:

> 同样,慷慨不是通过金钱礼物而是通过个人服务表现出来的,有时是对整个社会,有时是对个别公民。保护他人的合法权利,向他人提供法律帮助,并尽可能多地提供这种服务,往往会大大增加一个人的影响力和知名度。[2]

不过,法律顾问无法像演说家一样发表公共演讲,因此他们无法通过法庭上的展示获得政治声誉、通向荣誉之路,甚至有片段指出这一职业与社会声望无关。

随着法律服务需求的增加,此前的祭司法律顾问以及出身贵族的非祭司法律顾问已经无法满足社会的需求,需要有更多的专业人士来为法律专业知识匮乏的大众以及审判人员提供法律帮助。于是,另一类以法律服务谋生的法律顾问出现了,有别于之前的法律顾问的是,他们并非来自贵族阶层。然而,由于没有另外的营生手段,并且也缺乏社会人脉资源,他们放弃了无偿提

---

[1] See Anton-Hermann Chroust, Legal Profession in Ancient Republican Rome, in *Notre Dame Law Review*, vol. 30, 1954, p. 109.

[2] Cic. Off. 2.19.65.

供法律服务的贵族观念，要求他们的咨询者为他们的服务提供报酬。[1]

### 三、诉讼代表和诉讼代理人

随着罗马领土不断拓宽，人员流动日益频繁。对于在行省居住的人来说，很难长时间居住在罗马以完成诉讼的所有程序。虽然后来行省长官也能在本行省内执行司法权，但是在疆域广阔的行省里要亲自完成诉讼也非易事。专业和地域上的需求，为作为法庭辩护人的诉讼代表（cognitor）和诉讼代理人（procurator）的产生提供了契机。[2] 盖尤斯就在他为学生撰写的教科书中提到，"现在我们应当指出：我们可以以自己的名义提起诉讼，也可以以他人的名义，比如作为诉讼代表、代理人、监护人、保佐人提起诉讼"[3]。

在程式诉讼时期，诉讼辩护代理已由例外而逐渐成为普通的制度，而且在法律审和裁判审两个阶段都有出现。周枏先生认为，诉讼辩护代理是裁判官在司法实践中创造的。他们利用"原告请求"和"判决要旨"两个部分创设了"转渡程式"（formula per translatio），将当事人的姓名列于程式的请求部分，同时把代

---

[1] See Anton-Hermann Chroust, Legal Profession in Ancient Republican Rome, in *Notre Dame Law Review*, vol. 30, 1954, p. 117.

[2] 参见黄美玲：《律师职业化如何可能——基于古希腊、古罗马历史文本的分析》，载《法学家》2017 年第 3 期，第 87 页及以后。

[3] Gai. 4.81. 中文译文参见〔古罗马〕盖尤斯：《盖尤斯法学阶梯》，黄风译，中国政法大学出版社 2008 年版，第 240 页。

理人的姓名列于判决部分,使后者承担诉讼的结果。[1]

诉讼代表出现得较早,由当事人指定,主要出现在法律审阶段。诉讼代表的指定必须通过特定的程式,在指定过程中有固定的语句,并且必须在对方当事人出席的情况下完成[2],其效力是诉讼代表可以完全作为诉讼的某一方参与诉讼过程。[3]盖尤斯这样给我们介绍:

> 人们使用一定的词句在诉讼中当着对方当事人的面指定诉讼代表。实际上,原告这样指定诉讼代表:"我向你"比如说"要求一块土地,为此,我对你指定 L. 提兹为诉讼代表";对方当事人则这样指定:"由于你向我要求一块土地,为此,我对你指定 P. 麦维为诉讼代表"。原告可以这样说:"我想对你提起诉讼,为此,我指定诉讼代表",对方当事人则这样说:"由于你想对我提起诉讼,为此,我指定诉讼代表"。诉讼代表在被指定时是否在场,无关紧要;但是,如果在指定时不在场,只有当他得知此事并且承担诉讼代表的职务时,他才是诉讼代表。[4]

诉讼代理人则出现得较晚,他们所要做的就是为其委托人真

---

1 参见周枏:《罗马法原论》,商务印书馆 2014 年版,第 981 页及以后。

2 Gai. 4.83. 中文译文参见〔古罗马〕盖尤斯:《盖尤斯法学阶梯》,黄风译,中国政法大学出版社 2008 年版,第 241 页。

3 Gai. 4.97. See Anton-Hermann Chroust, Legal Profession in Ancient Republican Rome, in *Notre Dame Law Review*, vol. 30, 1954, p. 112.

4 Gai. 4.83.

诚地行事，并确保委托人认可他所做的一切。而且较之诉讼代表，诉讼代理人对委托形式的要求没有那么高。在诉讼中指定代理人不采用任何特定的词句，仅根据单纯的委托即可，且可以在对方当事人不在场和不知晓的情况下进行[1]，因此周柟先生也将其翻译为"略式诉讼代理人"。

具体而言，诉讼代表和诉讼代理人的区别如下：

（1）委任方式不同。

诉讼代表需要一方当事人在对方当事人面前用法定的言辞委任。诉讼代理人则不需要用法定的言辞委任，委任时也无须对方当事人在场；他们原为本人的管家，由家主委托他们负责经营一个商店或是一个作坊，在其业务范围内，他们可以进行诉讼，不必经过特别委任，后来一般代理人也沿用这种简便的方式。自从形式主义随着商品经济的发展而逐渐被废弃，诉讼代表和诉讼代理人的区别就随之消灭。

（2）法律地位和担保方式不同。

诉讼代表具有等同于当事人自己处理法律事务的地位。[2]诉讼代理人则不具有[3]，监护人、保佐人在代理未适婚人、精神病人、浪费人时，其法律地位和诉讼代理人一致。也就是说，如果前者代表原告提起诉讼，则依据"一案不二讼"的原则消灭原告再诉

---

1　Gai. 4.84.

2　Gai. 4.97.

3　Gai. 4.98.

的权利；此时，由于被告没有再行被诉的顾虑，可以免除此种代表的担保，这大概是因为他们通过庄严的词句被指定为诉讼代表。但是，诉讼代理人则不同，由于他代理原告发起诉讼的时候并不当然地消灭原告重新起诉的权利，所以诉讼代理人应提供担保人，以保证他的诉讼活动得到了当事人的批准，以及原告承认其诉讼行为带来的后果。否则，当事人可能会再次提起诉讼。这可能也是因为，他们的代理委托在诉讼开始时通常是暗中进行，后来才向承审员明示。[1]不过，在对人诉讼中，无论是委托诉讼代表还是诉讼代理人，均应提供担保。只不过，诉讼代表的担保由当事人本人提供，诉讼代理人的担保则由诉讼代理人提供。[2]

（3）法律效力不同。

诉讼代表的行为具有完全法律效力，败诉时对方当事人对本人可直接提起"已决案之诉"（actio iudicati），胜诉时本人对对方当事人也一样。诉讼代理则仅发生不完全效力。代理人如果所代理的是被告，则由其受"已决案之诉"的后果；如果代理的是原告，非经本人承认其诉讼活动时，其"已决案之诉"并不移转至本人。

实际上，到优士丁尼时期，已经取消了诉讼代表，并且在很多添加中都代之以诉讼代理人。[3]

---

1　Gai. 4.84.

2　Gai. 4.101.

3　参见〔德〕马克斯·卡泽尔、〔德〕罗尔夫·克努特尔：《罗马私法》，田士永译，法律出版社2018年版，第809页。

诉讼代表和诉讼代理人有别于法律顾问，通常由精通修辞学的演说家担任。尽管他们为当事人在法庭上进行辩护，却很少有人掌握足以成为法律顾问的法律知识，就法律专业性而言，他们与法律顾问有着本质区别。西塞罗认为："对于演说家来说，市民法的深入研究并不是必需的；即使不是市民法研究者的演说家，也可以应付复杂的问题。"[1]而且就获得胜诉而言，相较于有效地煽动审判员情绪的能力，法律技巧实在不怎么重要。[2]但昆体良却认为，了解法律对于演说家来说是必需的。[3]不过毫无争议的是，他们通常都很好地掌握了希腊传来的雄辩术等辩论技巧，且或多或少对法律知识有所了解。[4]"adcovatus"一词，在西塞罗的时代或更晚出现，专门用来形容这一类提供法庭辩护的人。[5]

同时，成为诉讼代表和诉讼代理人并没有明确的资质许可与准入标准。根据一则告示，除了那些被法律明确禁止的人，任何人都可以接受委托担任诉讼当事人的诉讼代表或诉讼代理人。[6]而法律顾问则不同，正如西塞罗所说：

> 如果问谁能成为一个合格的法律顾问，我想说是那些在

---

1　Cic. De Or. 1.248; Cic. De Or. 1.250.
2　Cic. Brut. 39.145.
3　Quint. Inst. Orat. 12.3.
4　参见黄美玲：《律师职业化如何可能——基于古希腊、古罗马历史文本的分析》，载《法学家》2017年第3期，第87页及以后。
5　See Anton-Hermann Chroust, Legal Profession in Ancient Republican Rome, in *Notre Dame Law Review*, vol. 30, 1954, p. 117.
6　See Anton-Hermann Chroust, Legal Profession in Ancient Republican Rome, in *Notre Dame Law Review*, vol. 30, 1954, p. 112.

成文法以及一个国家的市民所赖以生活的习惯法上的专家，他们能够针对法律材料提出建议、拟定诉讼和辩论方案。[1]

然而，无论我们现代如何理解这两种法庭辩护人，他们都无法与当代的职业辩护律师相提并论。

首先，他们并不具备专业法律素养。本质上，他们只是一群善于运用修辞学为他们的当事人进行言辞辩护的演说家，昆体良称他们为"口才杂技演员"（acrobats in eloquence）。由于欠缺专业法律知识，他们不得不求助于法律顾问的意见和建议，以掌握辩护案件所涉及的基本法律问题。

其次，诉讼代表和诉讼代理人没有形成基本的职业操守和道德准则。很多辩护人甚至为了达到替当事人成功辩护的目的而不择手段地使用他们的演说技巧，谎言与欺骗充斥着法庭辩论。到后来，之前法律顾问担心的事情发生了：当时的罗马法庭步了希腊的后尘，彻底沦为辩护人玩弄修辞技巧的地方。这也是为什么有学者称，希腊法律的历史表明，用于辩论的修辞学无法产生真正的法律科学。[2]因此，诉讼代表与诉讼代理人虽然被冠以"辩护人"之名，但并非精通法律的专业人士，不过是一群活跃于法庭上的演说家罢了。

---

1 Cic. De Or. 1.212.
2 See Fritz Schulz, *History of Roman Legal Science*, Oxford University Press, 1946, p. 55.

# 第七章

## 演说家西塞罗与教育家昆体良

倘若不是写专著，可能西塞罗和昆体良这两位为律师职业的发展做出过杰出贡献的人很难被我们单独立章论述。西塞罗被誉为"罗马第一律师"，昆体良则被称为古罗马世界最著名的法庭演说家和教育家，这让我们不得不另辟一章来介绍这两位重要人物以及他们的贡献。

### 一、"罗马第一律师"：西塞罗

西塞罗，全名为马库斯·图利乌斯·西塞罗（Marcus Tullius Cicero），公元前106年至前43年在世，是罗马共和国晚期的哲学家、政治家、律师、演说家、作家。西塞罗出生于罗马郊外阿尔皮诺小镇一个富裕的骑士家庭。普鲁塔克猜想，西塞罗大概有位祖先的鼻尖上面有个微凹的疤痕，很像鹰嘴豆的裂口，所以才有了西塞罗这个姓氏，因为拉丁文中 cicer 的意思是鹰嘴豆。

西塞罗从小就才华出众，远近闻名。他不仅跟随斯多葛学派的盲人哲学老师狄奥多托斯以及柏拉图学派的斐洛学习过哲学，而且还拜师法学家昆图斯·穆其乌斯·谢沃拉学习过民法，甚至前往希腊罗德师从著名的演说家阿波罗纽斯（Apollonius）专门学习如何演讲，这使得他在公元前 81 年首次为人辩护的时候，就一鸣惊人，声名大噪，那年他才 25 岁。西塞罗青年时期投身法律和政治，其后曾担任罗马共和国的执政官。同时，因为演说和文学作品，他被广泛地认为是古罗马最伟大的演说家和最具影响力的散文作家之一。[1]在罗马共和国晚期的政治危机中，他是共和国所代表的自由主义的忠诚辩护者——马克·安东尼的政敌。他支持古罗马的宪制，因此也被认为是三权分立学说的古代先驱。[2] 公元前 63 年当选为执政官，到达他政治生涯的顶峰。

公元前 58 年，西塞罗被放逐，理由是他曾经"不经审判处死了罗马公民"。不过时隔一年之后他就回到了罗马，但是他的政治生涯跌入低谷。西塞罗开始把自己的精力转向文学与哲学，因此在他人生最后的十年留下了非常丰富的作品。这些作品成为后世研究希腊哲学思想、修辞演说的重要文献资料。其中，单是他的政治和法庭演说词，就有上百部。如他的主要作品《论演说家》《布鲁图斯》《演说家》《论共和国》《论法律》《演说术的分类》《论义务》《致友书》等，都是他后期的作品。

---

1　See Elizabeth Rawson, *Cicero, a Portrait*, Bristol Classical Press, 1975, p. 303; Henry Joseph Haskell, *This Was Cicero*, Fawcett, 1964, pp. 300-301.

2　参见蔡拓：《西方政治思想史上的政体学说》，中国城市出版社 1991 年版，第 94 页。

西塞罗是那个时代最负盛名的演说家和"律师"。[1]就连西塞罗的老师阿波罗纽斯都说:"西塞罗,我钦佩你的本领也赞美你的才华;不禁使我对希腊产生怜悯之情,因为演说和辩才是希腊仅存的光荣,现在却经由你的本领转移到罗马的名下了。"[2]按照徐国栋教授的统计,西塞罗至少当过16个案件的律师,其中刑事案件12个,涉及国籍的行政案件2个,民事案件2个;他还充当过5个刑事案件的控告人。[3]其中著名的法庭演说词有《为凯留斯辩护》《反喀提林》等。

西塞罗对古罗马修辞学的发展做出了杰出的贡献。他在个人演说中融入雅典修辞学方法,成为古罗马年轻人争相模仿的对象。但他同时又绕开希腊化的既有理论,直接从拉丁语著作入手,推动了修辞学本身的发展。他把古希腊的修辞学技艺引入古罗马,并且进行了系统化和科学化的整理。不少学者认为,他晚年的作品《地方论》就是在亚里士多德修辞学理论基础之上创作而成,是对他的三部主要修辞学作品《论演说家》《布鲁图斯》《演说家》的总结与归纳。按照西塞罗在该作品中的陈述,地方

---

[1] 当代研究西塞罗的作品不胜枚举,部分专著如 Henry Joseph Haskell, *This Was Cicero*, Fawcett, 1964; R. E. Smith, *Cicero the Statesman*, Cambridge University Press, 1966; Elizabeth Rawson, *Cicero, a Portrait*, Bristol Classical Press, 1975; Jonathan Powell & Jeremy Paterson (eds.), *Cicero the Advocate*, Oxford University Press, 2004。

[2] Plutarch Cicero 4.5.

[3] 参见徐国栋:《地方论研究:从西塞罗到当代》,北京大学出版社2016年版,第173页。

论主要包括"寻找"和"判断"两部分,前者属于修辞,后者属于逻辑辩证。

西塞罗反复提到修辞学在法庭演说中的重要性。他认为修辞学不应该仅仅是形式化的"光鲜亮丽的容器",还应该成为公共演说尤其是法庭演说的利器。因而在诉讼中,他尽情地展示自己的修辞学技巧,将其与具体案件紧密结合,并借助情感说服的方式获得执法官和审判员的支持,从而为当事人获取利益。徐国栋教授认为西塞罗把他自己的作品《地方论》写成了一个法庭演说词写作指南,其基本结构可以概括为:寻找——地方——问题——地方与问题的搭配。[1] 其中,"地方"是主体寻找活动与论据之间的中介,设定这样的中介是为了提高寻找的效率。他在论述中不断提及相关的法律问题,将修辞学和法律整合在一起,通过实践问题说明地方论的操作方法,堪称一本优秀的"法庭演说术教材"。

西塞罗同时认为研习修辞术的演说家们都需要有广泛的文化基础。西塞罗本人及其之后的拉丁语修辞教师除将教学目的设定为教授和训练学生的演说技艺外,也注重讲授丰富的历史、哲学、音乐、数学等知识,并且强调修辞术在历史知识和法律上的重要性。可能的原因是:"演说术不应该是贫瘠的、无修饰的,而应该用许多各种各样的事物进行点缀和充实,所以一个优秀的演说家应该多听、多看、多悟、多思、多读……要知道,演说家

---

[1] 参见徐国栋:《地方论研究:从西塞罗到当代》,北京大学出版社2016年版,第378页。

应该是学识渊博的，对任何事物都不应该是生疏的、没有经验的，在诉讼方面不应该是陌生人。"[1]

西塞罗在自己的作品中提到了法律在罗马社会中举足轻重的地位，并且讨论了市民法对于演说家的重要性。他用大量的笔墨以克拉苏斯的身份表达了演说家应该具备广博的知识，并且应该优先掌握市民法。[2]但是他也提到演说家和法学家不是一回事，两门学科的技术并不一致，因此作为演说家并不必然需要深谙法律知识。不过有学者指出，虽然西塞罗在自己的作品中赋予了法律非常重要的地位，但是西塞罗"肯定不是一个法学家，他只是一个懂法的人，因为至少他没有特别注重法学家的法学方法"[3]。

无论如何，西塞罗强调演说的实践性。他认为，应该让学生在实践中学习演说艺术。例如，关于如何办理诉讼案件，西塞罗指出，要以尽可能接近真实的方式进行辩论，使参加"实际训练"的人就在法庭上要做的事情进行练习。[4]实际上，西塞罗本人也跟随著名的法学家谢沃拉进行过法学实践，观察如何为客户提供法律咨询从而获取法律知识和经验。[5]但这并非说明西塞罗要将修辞术转变为纯功利的工具。实际上，他希望修辞学可以在注重

---

[1] Cic. De Or. 1.
[2] Cic. De Or. 1.166-1.201.
[3] 〔意〕马里奥·塔拉曼卡：《论演说家》译本前言，张礼洪译，载〔古罗马〕西塞罗：《论演说家》，王焕生译，中国政法大学出版社2003年版，第21页。
[4] 参见单中惠主编：《西方教育思想史》，教育科学出版社2007年版，第31页。
[5] Cic. Brut. 1.306.

实践的同时,能重新找回伊索克拉底的最初理想,从而拓展演说艺术的理想境界。[1]

西塞罗认为演说家是一份具有崇高声誉的职业。所以,西塞罗从希腊进修回来之后便全身心地投入了法庭辩护的工作,希望借此获得民众的认可和良好的声誉。虽然在西塞罗看来,演说只是他的政治武器,是他获得至高权力的阶梯,但是在每一个法律爱好者的眼里,他那些关于演说的理论、那些经典的控诉、那些睿智的辩护,确是一本完美的教科书。在他的努力下,古罗马的拉丁语修辞学家们的社会地位也发生了改变,修辞学教师们从广场柱廊附近的小店铺搬离,他们通过自身的专业更容易获得财产和荣誉。公元2世纪初期,尤维纳利斯为一个学生一年所付的费用是一个普通语法教师薪酬的四倍,并且修辞学家普遍拥有了专门的讲堂。[2] 无论是严谨敏捷的逻辑思维能力,还是激情澎湃的演说技巧,古罗马最完美的代表莫过于西塞罗。不过,遗憾的是,西塞罗虽然自己精通市民法,但并不强调对法律的深入学习。

### 二、昆体良对法庭演说的贡献

另外一位值得我们隆重介绍的是古罗马的第一位修辞学教师、著名的法庭演说家马库斯·法比尤斯·昆体良(Marcus

---

1 参见〔法〕亨利-伊雷内·马鲁:《古典教育史(罗马卷)》,王晓侠等译,华东师范大学出版社2017年版,第123—124页。
2 罗马帝国后期,皇帝为修辞学家在廊柱后面修建了入希腊式的演讲室,在图拉真广场、罗马的奥古斯都广场、君士坦丁堡的卡皮托利欧广场都有类似的讲堂。See Cic. De Or. 1.20; Cic. De Or. 1.48-73.

Fabius Quintilianus）。他大概于公元 35 年出生于罗马帝国的西班牙行省。据说他的父亲也是颇具声望的修辞学教师，他年少时曾跟随父亲到罗马求学，后来成了享誉整个罗马帝国的演说家、修辞学家、教育家、拉丁语教师。他以"法庭辩护人"的身份出名，公元 68 年作为伽尔巴（Galba）皇帝的门客返回罗马，在伽尔巴被杀后又被维斯帕芗皇帝看重，成为罗马帝国第一位获得国家薪水的修辞学教授。

如果说西塞罗是举世闻名之人和伟大的演说家，那么昆体良首先是个成功且经验丰富的学校教师。不过，他担任教师的同时还兼任律师，这或许是因为他希望通过实践经验来丰富自己的理论知识。昆体良当过 10 年律师，并且在罗马教授修辞学，著有十二卷巨著《雄辩术原理》（Institutio Oratoria）。该书是他的唯一传世之作，大概写成于公元 91 年—94 年间，在文艺复兴时期被发现后获得了人文主义法学家的追捧。

就修辞术在法庭上的运用而言，昆体良继承并且发展了西塞罗"地方论"的观点。首先，与西塞罗把地方分为内在的地方、与讨论对象以任何方式相关的地方和外在的地方不同，昆体良把地方分为人的地方和物的地方，用行为以及影响行为的要素把两者勾连起来。其次，西塞罗列举的具体地方与昆体良列举的具体地方大多数不相同，如前所述，相同的一些地方被昆体良用作证明自己的地方论的论据。但二者的地方论也存在一些共同性。第一，二者的地方都是论据存在的地方而非论据本身；第二，二者都采取法律取向，西塞罗考虑的法律既有立法也有司法，昆体良考虑的法律主要是法庭辩论，其地方论主要为律师服务。尽管西塞罗的地方论和昆体良的地方论都以论证为背景，但昆体良的地方论在这方面更明确，他径直把自己的地方称为论证的地方。[1]

昆体良认为律师还应该拥有广泛的知识。作为演说家训练的权威人物，他认为，辩护律师需要对法律有深入的掌握。他说："如果他不了解国家的许多重要事务，如何能在公共或私人方面具有说服力？如果他需要咨询他人以发现诉讼中最重要的问题，他怎么能如愿以偿地成为辩护律师呢？他就像是背诵诗人的话的人。"[2]而且在他看来，不为法庭而训练的演说练习就像一出剧场的表演或者疯子的胡言乱语。[3]

显然，昆体良继承了西塞罗的观点，强调教授修辞学的实践价值。昆体良并不认为修辞学的教育单单在学校内进行训练即可，他也强调并要求学生们将其修辞术运用到实际生活中。他认为修辞术绝不是简单的辞藻的堆砌或对内容华而不实的虚构，虽然他并不反对学校演讲练习时运用虚构或传奇性的情景，但虚构绝不能是荒谬的，而应当与现实生活保持密切联习。[4]他几乎在

---

[1] 参见徐国栋：《地方论研究：从西塞罗到当代》，北京大学出版社2016年版，第211—212页

[2] James A. Brundage, *The Medieval Origins of the Legal Profession: Canonists, Civilians, and Courts*, the University of Chicago Press, 2008, p. 20.

[3] 参见〔英〕葛怀恩：《古罗马的教育：从西塞罗到昆体良》，黄汉林译，华夏出版社2015年版，第161-168页。

[4] Quint. Inst. Orat. 2.10.5-6.

《雄辩术原理》的每一章都强调演讲练习的重要性。

> 演讲练习是我们所有训练中最现代的，也是迄今为止最有用的……我认为，为取得进步而设定的主题应当紧密贴近现实生活，而为了练习公开演说而发明的演讲练习，应当尽可能模仿公开演说。[1]

昆体良最大的贡献应该就是"以理论和实践最巧妙的结合进行教育"。昆体良还认为，在演讲练习的过程中，应当去关注文法学校和修辞学校的教育，不论是希腊语还是拉丁语。并且，他将写作（composition）作为文法到修辞的重要过渡，要求学生在初级教育阶段应当先接受文法教育，但之后就应当过渡到修辞训练上。塔西佗和小普林尼就是他开设的修辞学校中所培养出来的杰出校友。不过，此时的演说家已与西塞罗时代的差异巨大，同时代的历史学家塔西佗就认为，"这代人缺乏演说家，我们失去了雄辩的荣耀，我们仅仅徒有演说家之名"[2]。但是昆体良还是坚定地宣传他的教育理论，倡导在法庭中实践修辞学。他认为这种练习不能只局限在学校里，而应该走向社会、走向法庭。

昆体良还建议辩护律师接受培训，以便他们在学校期间获得一些实际的法庭实践经验。他的《雄辩术原理》中就有不少假设案情的模拟练习，例如：

> 还有另一种类型的猜想性案件，与相互指控的案件不同

---

1 Quint. Inst. Orat. 2.10.1-4.

2 Tac. Dial. 1.

的是，其中包含了两个争议点；此类案件与报酬有关，我会通过以下具有争议性的主题来进行说明。一个暴君怀疑他的医生给自己下毒，就对医生严刑拷打，由于医生坚称自己没有下毒，这名暴君就召唤了第二名医生来诊断。后者声称暴君已经被下毒了，但他能够为其解毒，给了暴君一剂药；暴君喝下后就死亡了；两个医生都要主张成功杀死暴君的酬金。正如相互指控案件中双方当事人都把罪行推给对方一样，在本案中，我们要分析当事人的性格、动机、方式、时机、作案工具和索要酬金之人的证据。[1]

**相比于西塞罗，昆体良对于演说家最大的贡献就是他指出了道德操守对于一个演说家的重要性。**他认为"一个演说家既要擅长演说，通晓各种有价值的知识，具有较高的才能；同时也应该具有崇高的理想、高尚的情操，并且成为一个善良的人"[2]。因为在他看来，演说术是一门高尚的学问，其主要任务是宣扬正义和德行，指导人们趋善避恶。它应该是为真理和正义而战的战士手中的武器，而不应该成为强盗手中的工具。他甚至认为，要培养的人应该是"具有天赋才能、在全部自由学科上都受过良好教育的人，是天神派遣下凡来为世界争光的人，是前无古人的人，是各方面都超群出众、完美无缺的人，是思想和言论都崇高圣洁的

---

1 Quint. Inst. Orat. 7.3.25.

2 Quint. Inst. Orat. 2.15.1-3.

人"[1]。所以，他认为演说教育应当把道德教育作为重要内容，培养学生的各种美德。

虽然西塞罗和昆体良二人的时代相距近百年，二人所处时代的社会背景亦天差地别，但他们的行动和宣传为学生们铺设了一条通往律师职业的常规道路。虽然古罗马的法律职业培训按现今的视角来看专业化水平还不够，但是西塞罗和昆体良等演说家也在力图让其子弟面面俱到地深入学习法律。古罗马司法技术的发展使得法律成为一门独立的科学，法学家、律师的社会分工也由此建立起来。承担律师职能的法庭演说家身边有一帮精通法律知识的法律顾问，他们负责为诉讼准备辩论的合法资料，而法庭演说家则充分利用这些资料的价值，使法律的抽象条文转变为实际诉讼中的正义，让这些法律资料发出无可辩驳的、直指人心的声音。[2] 罗马社会中"律师"或者说具有辩护人功能群体的出现，正是演说术和法学共同发展的结果。

---

[1] 〔古罗马〕昆体良：《雄辩教育思想与〈雄辩术原理〉选读》，北京师联教育科学研究所编译，中国环境科学出版社、学苑音像出版社 2006 年版，第 11—12 页。

[2] 参见〔法〕亨利-伊雷内·马鲁：《古典教育史（罗马卷）》，王晓侠等译，华东师范大学出版社 2017 年版，第 130 页。

# 第八章

演说与"荣誉":法庭演说家的社会地位及薪资报酬

最初的诉讼保护人通常拥有一定身份地位,广受民众的尊重,在为当事人提供法庭辩护的过程中,一般不收取任何报酬,但是习俗中当事人会根据自己的意愿通过赠与或者提供其他服务来表达对诉讼保护人的感激。

与古希腊社会传统一样,古罗马时期的法庭辩护并不允许获得物质性的报酬,但胜诉的当事人常常会通过赠送物质性的礼物来表达自己内心的感激。久而久之,这种赠与便形成了一种风俗。因为对于当事人来说,诉求得到满足之后以私人赠与的方式来表达自己的感激,是理所应当的;而对于法庭演说家来说,这种赠与是对自己工作的一种认可,是一种自我价值的实现,接受它无可厚非。但是,双方就辩护达成某种报酬的简约或是辩护人直接索取报酬,会被认为是不光彩甚至是必须禁止的行为。[1]波蒂

---

1 See Piero Fiorelli, Voce "Avvocato", in *Enciclopedia del diritto*: Ⅳ, Giuffrè, 1959, pp. 646-649.

埃（Pothier）在讨论自由职业的薪酬时，解释了为什么法律职业工作者不能获得报酬："法律科学是非常神圣的事物，无法用金钱价值来衡量。"[1]

法律也三令五申地禁止诉讼保护人以提供诉讼协助为由收取任何报酬。莫德斯丁在《规则集》中提到，"在一项平民会决议中规定：如果不是在随后几天消耗的食品或者饮料，任何执法官不得接受赠礼"[2]，这说的应该就是公元前204年颁布的《关于赠礼的琴其亚法》中的规定："任何人都不能因辩诉而接受金钱或者赠与"（*Ne quis ob causam orandam pecuniam donumve accipiat*）。[3]

但是，一些极其贪婪的辩护人却把在辩护中获得赠礼的传统当成当事人对自己的理所当然的"进贡"，甚至将其看作当事人必须履行的给付。特别是在罗马帝国时期，出现了诉讼代表和诉讼代理人以后，他们常常会巧立名目收取报酬，法律也屡禁不止。[4]有的人会公然索要贵重的礼物，甚至在诉讼过程中根据礼物的大小来决定自己工作的卖力程度。

辩护人无节制地收取报酬不仅加大了社会贫富差距，更重要的是极大程度地负面影响了罗马市民所信奉的正义法条。一方

---

1　Pothier, *Le pandette di giustiniano*, vol. 4, *Tipografia Giustinianec di Antonio Bazzarini*, 1841, p. 3204.

2　D. 1.18.18.

3　关于该法的完整表述，参见黄美玲：《〈关于赠礼的琴其亚法〉探究》，载《私法研究》2016年第19卷，第60—73页。

4　参见周枏：《罗马法原论》，商务印书馆2014年版，第981页。

面，贵族阶层通过对这种技巧的垄断而获得更可观的收益，并且可能因为利益的驱使而导致法律无法得到公正的实施。另一方面，富裕的当事人也可能因为有能力提供贵重的赠礼而更容易获得有力的辩护并取得胜诉，而另一方经济处于劣势的当事人则有可能因为无法支付超出能力范围的赠礼而败诉，从而使法律失去应有的正义。[1]积日累久，社会腐化，公众利益受到了严重的损害。因此，立法者禁止对辩护人过多赠与的行为也是出于对平民家庭的保护，因为挥霍的礼物对于底层民众来说是一种负担，过度的诉讼成本和过多报酬性质的赠与很有可能拖垮一个家庭。[2]

《关于赠礼的琴其亚法》属于"不完善法"，只有规则没有罚则，因此已经履行赠与则不能请求返还。这一法律在历史上并没有得到很好的实施，接收馈赠成了一种比较普遍的期待。奥古斯都皇帝在公元前17年颁布《关于审判员的尤里安法》（Lex Iuliae Iudiciariae）重申了这项禁止，并规定律师必须免费提供服务，否则将被处以所获报酬四倍罚款。[3]

塔西佗在《编年史》中提到，公元47年，元老院再次就是否可以获得报酬展开了激烈的讨论：

> 而这时老练而又残酷无情的苏伊里乌斯继续干他的控告

---

[1] See Amparo Gonzalez, The possibile motivation of the Lex Cincia de donis et muneribus, in *Revue Internationale des Droits de l'Antiquité*, 34, 1987, pp. 162-171.

[2] 参见黄美玲:《〈关于赠礼的琴其亚法〉探究》，载《私法研究》2016年第19卷，第60—73页。

[3] D. 54.11.12.

勾当，许多人也仿效他的这种鲁莽粗暴的做法：因为皇帝将全部法律上和行政上的职权集中于一身，这种情况就给掠夺者大开方便之门。任何公开出售的商品都不像辩护者的背叛行为那样毫无顾忌地出售。结果竟发生了这样的事情，一个著名的罗马骑士撒米乌斯付给了苏伊里乌斯40万谢司特尔提乌斯，却发现他竟然同对方勾结到一起，于是就在他的辩护人的家里用剑自戕了。因此，按照业已任命的执政官盖乌斯·西里乌斯的建议（关于西里乌斯的权力和他的垮台，我将要在提到它们的时候再来叙述），元老院一致要求执行琴其亚法，因为这项法律很早就规定，在为某一案件进行辩护时，任何人都不能接受金钱或是礼物。

当担心因此会蒙受污名的元老们起来反对的时候，跟苏伊里乌斯不合的西里乌斯便进行了一次猛烈的抨击，并且援引了古时演说家的范例，那些演说家是把名誉和前程看成他们口才的唯一报酬的，他说："连文艺中最优美和最重要的东西都因图利而被腐化，那么其他东西沾上了钱会变成什么样子呢？当人们所考虑的是金钱的数目时，甚至信义都不能不受影响啊。如果诉讼不使任何人能从中取得利益的话，就不会有那么多的人喜欢诉讼了。实际的情况却是，人们都在鼓励仇视和控诉，鼓励恶意和不公道，为的是使法庭贪污腐化，从而使辩护人弄到金钱，就好像疾病的流行可使医生取得报酬一样。让这些人记起阿西尼乌斯，记起美撒拉，记起现代的人物中的阿尔伦提乌斯和埃塞尔尼努斯吧：他们在他们本行的业务上达到了最高的造诣，但是他们的生活或他们的辩才却没有任何污点！"已经任命但未到任的执政官说了这样的话而别人也表示同意之后，于是采取措施起草一项决议，使犯罪者不容易逃脱反勒索法的制裁，这时苏伊里乌斯、科苏提亚努斯等看到这一决定对他们来说不是意味着审讯（他们的罪行已非常明显，不必再审讯了），而是意味着惩处时，人们便围在皇帝身边，请求他赦免他们过去的罪行。

他们看到皇帝有了赞同的意思之后，就开始为他们自己的案件辩护说："哪里会有人傲慢到说他能够希望取得不朽的声名？对被告来说，他们自己能够得到帮助，这是一件大好事，因为这样一来，任何人就不会由于没有辩护人为他辩护而听任强者的摆布了。但口才并不是不花一文钱而随便捡来的东西：一个人越是为别人的事情奔走，他也就越是忽略他私人的事务。许多人靠服军役来维持自己的生活，不少人经营他们的产业，但谁也不愿意干一种他不能得利的行业。阿西尼乌斯和美撒拉（他们由于安托尼乌斯与奥古斯都的决战而大发横财）以及豪富家族的后人埃塞尔尼努斯、阿尔伦提乌斯之流的人物很容易做出慷慨的姿态；但在取得报酬这一点上，他们显然也有前例可循，普布里乌斯·克洛狄乌斯或盖乌斯·库利欧在发表演说时习惯上就是收费的。他们本人都是贫苦的元老，而在没有战争的时期他们除和平的报酬之外是得不到任何东西的。让他也考虑一下那由于辩护活动而成名的普通人民吧。如果他们研习那门学问的报酬被取消,这门学问也就会灭亡了。"皇帝在考虑了这些虽非高尚但仍不是毫无道理的理由之后,便规定辩护人所收的费用最多不能超过1万塞斯特提。超过这个数目的就要按勒索罪惩处。[1]

以西里乌斯(P. Sullio)为代表的传统观点认为,应该避免使"最美好最贵族的自由技艺在卑劣的服务中受到羞辱"[2],因为信义与挣钱是无法共存的。但是,元老院中也有人提出异议。实际上,这涉及"演说术"的社会价值,很多人靠服兵役或者农业来维持生活,如果不能获得报酬的话,大家都不愿意实践雄辩术了。之前的演说家多出生自贵族家庭或者在内战中获利不少,所以可以不以此维生。但是,明显地,演说术在这一时期逐渐式微。

这场争论的结果对于律师职业的发展来说应该是一针强心剂。根据史料的记载,公元47年,克劳狄颁布的一项元老院决议(*Senatusconsultum Claudianum*)解除了对律师报酬的禁止。这项决议承认了法庭辩护人获得报酬的合法性,但是进行了限制:辩护人所收的费用最多不能超过1万塞斯特提,超过这个

---

[1] Tac. Ann. 11.5-7. 中文译文参见〔古罗马〕塔西佗:《塔西佗〈编年史〉》(全两册),王以铸、崔妙因译,商务印书馆1981年版,第356—359页。

[2] Tac. Ann. 11.6.

数目的就要按勒索罪惩处。小普林尼在他写给塞姆普罗奥·鲁夫（Sempronio Rufo）的一封书信中也提到了这一标准："在审理诉讼之前，双方当事人要宣誓保证没有就律师提供的帮助支付任何酬金；不过案件结束之后，允许支付酬金，但是无论如何不得超过上述标准。"[1]

当然，民众在诉讼辩护人是否可以接受报酬这件事情上一直持保守意见。以至于到公元58年，仍然有人以此法律作为攻击政治者的武器：

> 继而一个在变化多端、波澜迭起的一生当中招来了大量憎恨的人物也被判了罪，不过他的垮台对塞内加的声望也起了一些损害作用。此人就是普布里乌斯·苏伊里乌斯。他在克劳狄乌斯当政时期是一个腐化堕落的、令人侧目的宠臣，但是时代的变换并不曾使他像他的敌人所希望的那样垮下去。他始终十分神气，宁肯使自己被看成罪人，也不肯低声下气地去乞求别人。据说为了搞垮他，元老院援用了过去的一项法令，就是根据琴其亚法惩办因辩护而收费的人们。苏伊里乌斯本人听到这事后又是抱怨又是咒骂，他倚老卖老地任性发泄自己凶暴的脾气，大骂塞内加是克劳狄乌斯的朋友们的怨毒甚深的敌人，因此塞内加在克劳狄乌斯时代曾被放逐，那完全是罪有应得。同时由于他的唯一经验就是死啃书本和同单纯幼稚的青年人交往，所以他就忌妒那些为本国公

---

[1] Plinio Cecilio Secondo, epistole, V. 9.4.

民进行生动的和朴实的辩护的人。他本人担任过日耳曼尼库斯的财务官；塞内加在日耳曼尼库斯家里却是个奸夫。接受诉讼当事人所自愿赠送的礼物作为可尊敬的职务的报酬，难道比玷污皇女的床榻这一罪过更加严重吗？是哪一门学问，哪一派哲学可以给他作为依据，可以在取得皇帝宠信的四年当中搜刮到3万万塞斯特提的财产？在罗马，那些没有子嗣的人和他们的遗产，都很难逃出他的网罗。他的永无满足的高利贷活动把意大利和各行省的血都吸干了。但是他苏伊里乌斯所有的只是辛辛苦苦挣来的一笔为数不多的家产！他宁愿忍受控诉、审讯和其他任何磨难，也绝不使自己一生辛辛苦苦挣得的荣誉在这个暴发的新权贵面前屈膝！[1]

到了公元2世纪，在卡拉卡拉皇帝统治时期，对辩护人是否可以收费问题进行了重申，并通过谕令的方式明令禁止辩护人收取任何费用。但是，为什么提供法律服务不能获得酬劳呢？究其根本原因，可能是法律辅助起源于传统的庇主与门客，在传统上属于一种义务（Beneficia/officia）关系。因此，我们在后来的很多文献中都可以看到"法庭辩护"是被放到"义务"中进行讨论的。

即使到了罗马共和国晚期甚至是罗马帝国初期，辩护人也没有被认可为一种真正含义上的固定"职业"。在遵循严格的合同

---

[1] Tac. Ann. 13.42. 中文译文参见〔古罗马〕塔西佗：《塔西佗〈编年史〉》（全两册），王以铸、崔妙因译，商务印书馆1981年版，第483—484页。

类型法定的罗马法中，跟古罗马法中的其他自由职业一样，辩护人与当事人之间的关系由于客体不具有物质性而不构成承揽租赁（*locatio operis*），因为承揽租赁的标的是一项特定的工作且具有物质性；同时，由于辩护人与当事人之间缺乏一种从属性，也不构成具有从属性的雇佣租赁（*locatio operarum*），因为雇佣租赁以诚信而非自由的服务为标的。因此，医生、律师、自由人家庭教师的工作都不被视为雇佣租赁的标的。[1]换言之，在古罗马时期，自由职业的服务并不产生体现为酬金的法律上的债。也就是说，倘若实际上辩护人并没有获得报酬，法律中也没有任何具体的诉权来帮助他获得司法救济。

事实上，古罗马的演说家通常来自出生上层、家庭良好的贵族阶层，所以与古希腊时期收取费用满足生计的演说写手有着本质上的区别。他们大多是政治演说家，业余帮助市民进行法庭辩护来维护私人权利，他们最初为当事人提供法律咨询服务、代理案件和出庭辩护都不收取报酬，目的是借此来笼络人心和提高自己的声望。[2]同时，古罗马人也把能为自己出力的律师列为自己的主要赠与对象，因为他们认为一个能言善道的律师朋友能让自己受益终身。[3]

西塞罗认为，法庭演说有两种形式，包括控告和辩护，尽管

---

1　See Pietro Bonfante, *Istituzioni di diritto Romano*, Giuffrè, Milano, 1987, 397ss.

2　参见周枏：《罗马法原论》，商务印书馆 2014 年版，第 980—981 页。

3　参见黄美玲：《〈关于赠礼的琴其亚法〉探究》，载《私法研究》2016 年第 19 卷，第 60—73 页。

辩护演说更能激起称赞，但是控告演说有时也能赢得赞赏。他说："进行辩护可能特别能赢得盛誉和感激，尤其是当受辩护人显然处于某个有权势之人的淫威的迫害和压迫之下。"[1]西塞罗曾经在《论义务》中指出，演说对于争求"荣誉"具有更为重要的意义。因为，演说常常能在人们心中激起巨大的声望，而且丰富智慧的演说能引起巨大的称赞。在古罗马，年轻人最能引起称赞的地方就是在法庭上。

---

1 Cic. Off. 2.51.

# 第九章

法律的修辞还是修辞的法律:法庭演说术

　　无论大家是否同意律师职业起源于古罗马,我想没有人会反对演说术与法律的结合是古罗马人为律师职业的发展做出的杰出贡献。如果说古希腊的修辞学家们是通过华丽的辞藻和富有感染力的表演让陪审团赞同其观点而赢得审判,那么古罗马法庭上的演说家们则是以演说术为基础结合专业法律知识而获得人们的喝彩。如果说古希腊人造就了政治性的论辩艺术,为演说术的产生奠定了基础,那么罗马人就是为论辩注入了理智的血液,为演说术赋予了法律逻辑的推理,将法庭辩护变成了一种真正意义上的"技艺"——"法庭演说术"。

## 一、演说家需要学习法律

　　意大利著名的罗马法学家塔拉曼卡曾经提到,"有学者认为,公元前1世纪上半叶,演说家曾经试图在私法实践操作层面也取代法学家"[1]。这是否属实，我们不得而知。但是，至少我们可以从侧面知道，法学家在法律技术的角度占据着重要的地位。

西塞罗在其著作《论演说家》中，就借克拉苏斯和安东尼乌斯之口争辩了法律在法庭演说中的重要性。克拉苏斯作为演说界的权威，主张演说家要直接深入地学习法律。

> 然而，这些辩护人缺少的并不是演讲才能、演说规则或轻松的谈吐，而是对市民法的了解，因为其中一个超过了法律允许的限度，要求超过《十二表法》中法律允许的数量——如果他达到了要求，他便会败诉——另一个则认为，向他索要超过委托的数量是不公平的，但他不理解，如果对方这样提出指控，那便会损害己方的诉讼。[2]

> 实际上，有如在私人诉讼和审判中演说词常常取材于市民法，因而正如我说过的，演说家必须具备市民法知识，同样在公共案件中，在法庭上，在民众大会上，在元老院里，一切古代社会的知识，一切公法规定，一切管理国家的原则和知识对于那些从事国务活动的演说家来说也应是他们演说词的材料来源。[3]

但是，西塞罗却认为，无论在政治、哲学还是法律方面，演

---

1 〔意〕马里奥·塔拉曼卡:《论演说家》译本前言，张礼洪译，载〔古罗马〕西塞罗:《论演说家》，王焕生译，中国政法大学出版社 2003 年版，第 10 页。

2 Cic. De Or. 1.167. 中文译文参见〔古罗马〕西塞罗:《论演说家》，王焕生译，中国政法大学出版社 2003 年版，第 111 页。

3 Cic. De Or. 1.201. 中文译文参见〔古罗马〕西塞罗:《论演说家》，王焕生译，中国政法大学出版社 2003 年版，第 145 页。

说家只需要掌握一般性的知识即可。

> 事实上，甚至无须研究法律，我们也能够知道，避免为恶本身是多么美好的事情。关于我本人，就是你唯一同意虽然没有任何法律知识，但仍然能够充分从事诉讼活动的人。[1]

正如我们前面提到的，昆体良也完全赞成这一观点，并且在自己的演说教材里加入了大量的法律知识。由于演说家在诉讼过程中需要借助法律，所以作为一个演说家，最好能够熟悉诉讼程式，牢记法律规定，并且还能将修辞学与演说术集合起来。

但实际上，罗马共和国晚期和罗马帝国初期的演说家们与法学家们保持着一定的距离。演说家们往往缺乏系统、全面的法律知识，法庭演说家们遇到法律问题时只能向法学家请教，甚至会带着自己的法律顾问出庭以便在碰到专业法律问题时可以当场解决。[2] 演说家在学习时，也仍然是以辩论技巧和演说效果为主要研习方向。因为他们更在意演说家是否有好听的声音、适当的动作和悦人的幽默感。安托尼乌斯就将演说家定义为"在诉讼和社会事务中，善于使用使人听觉愉悦的语言、善于发表让人赞同认可的观点的人"[3]。

---

1 Cic. De Or. 1.248. 中文译文参见〔古罗马〕西塞罗：《论演说家》，王焕生译，中国政法大学出版社 2003 年版，第 187 页。

2 参见金敏：《古罗马的法庭辩护士》，载《浙江社会科学》2006 年第 4 期，第 62 页。

3 Cic. De Or. 1, 213.

## 二、"争点论"的发展与运用

古希腊的演说术极度依赖修辞学，但对于罗马人来说，这种略显抽象的思维方式并不适合罗马人注重实践的生活哲学，因此曾经遭到过激烈抵制。罗马历史学家苏维托尼乌斯说："修辞学传入我国经历了和语法学相同的困难，它的使用常常遭到禁止……这都是依据彭波尼大法官作出的保证：不允许使用修辞学的人居住在罗马。"[1] 西塞罗在《论演说家》中也曾提到，"在希腊人不再掌握演说术之后，罗马的年轻人也不学这个了。不幸的是，在最近两年，拉丁人的演说家也开始出现了，我以监察官的法令驱散了他们，这并不是像某些人说的那样为了让年轻人没有思考能力，相反，我是为了不使他们的智力变得迟钝，也不愿看到他变得自高自大……由于学校只教授演说术，这些学校就会变成培养自高自大的温床，所以我认为，监察官有责任确保它不会进一步扩散"[2]。

不过，正如前文所言，在西塞罗和昆体良这两位深谙修辞学原理的大律师和大教育家的支持和发扬下，希腊修辞学在古罗马时期不仅被法律化，而且在实践中得到了重要的发展。特别是对后世的法庭辩护和法庭演说家的逻辑辩证做出杰出贡献的"争点论"，将法庭演说术的技能性推到了一个新的高度。

争点论是公元前 2 世纪的希腊修辞学家赫玛戈拉斯首创的一

---

1　Suet. Rhet. 1.
2　Cic. De Or. 3.93-95.

种修辞学理论。"争点"（status）在希腊语中为"stasis"，指的是拳击手攻击对手时"站立"的位置，后用来指在演说中双方针对对手所采取的"立场"，在法庭辩论时指司法辩论的起点。西塞罗将它定义为"使整个案例得以产生的这个问题"，也就是诉讼中最初的冲突。[1]赫玛戈拉斯认为争点的发展是修辞发明的真正动力，争点指的是使人们有必要诉诸说服的那个意见冲突。[2]按照舒国滢教授的观点，争点论既可以使人确定争议中问题的争论点，也可以使人从合适的位置去发现可以使用的论据或者论点。[3]

该理论创设的主要目的是，引导演说家或者修辞学家根据所涉及的每一个争点将修辞问题特别是实际的法庭辩题加以归类，从而帮助他们找到相应的论辩策略。因为当修辞学家或演说家在展开修辞演说时，并不都是已经拥有一套现成的理论或说服策略。特别是在法庭辩论中，辩论的双方往往要先解决的是找到某个或多个具体争点的问题。在此情形下，修辞开题的任务与其说是寻找辩论的方案或者寻找说服策略，不如说是确定核心争点。

为了处理"个案"或"确定的问题"，舒国滢教授将争议问

---

1 参见〔古罗马〕西塞罗：《西塞罗全集·修辞学卷》，王晓朝译，人民出版社2007年版，第148页。

2 参见刘亚猛：《西方修辞学史》，外语教学与研究出版社2008年版，第92页。很多外国学者对此进行了更加深入的研究，请参见 Malcolm Heath, *Hermogenes On Issues*: *Strategies of Argument in Later Greek Rhetoric*, Clarendon Press, 1995, pp. 20-21; George A. Kennedy, *A New History of Classical Rhetoric*, Princeton, 1994, p. 97s.

3 参见舒国滢：《法学的知识谱系》，商务印书馆2020年版，第247页。

题分为逻辑问题和法律问题两大类。而在赫玛戈拉斯的理论中，主要包含如下四个争点：①事实争点，也称之为推测性争点，该争点涉及某个特定的人是否在某个特定的时间做过某件事；②定义争点，是针对事实的存在与否没有争议的情况下，围绕这一事物或者事件的定义而发生的意见冲突和分歧；③性质争点，即涉及行为的"价值""类别"或"性质"的争点；④程序争点或转移争点，即被告对法律程序持有异议或是否应该将审判权移转给另一不同的法庭的争点。[1]

这甚至为法庭演说家提供了一个非常明确的检索顺序，同时也使得修辞学更加具有法律实践性。以"张三弑母案"为例。法庭演说家第一步应该分析与事实相关的问题，寻找事实认定上的争点，例如，张三是否在场？张三是否杀害了他的母亲？只有在事实清楚的情况下，才开始第二步，转而讨论他是过失杀人还是故意谋杀，即定义这一事件。第三步讨论他的母亲是罪不可赦还是一向和善，因为如果他因母亲叛国或者其他罪行而弑母，那么杀人者可能会因案件的性质争点而获得支持。如果前三步都没有争点的话，就只能开始第四步，从审判程序的合法性等方面展开辩论了。

赫玛戈拉斯争点论是罗马高等教育修辞学训练的首要内容，西塞罗和昆体良等修辞学家都着重介绍了他的理论，并且一致认为"争点论"非常适合作为法庭辩论或法庭演说的开题内容。

---

[1] 参见舒国滢：《法学的知识谱系》，商务印书馆2020年版，第271—275页。

特别是《献给赫伦尼厄斯的修辞学》(*Rhetoricorum ad Herennium*)一书,作为保留下来最早、最完整的罗马修辞学手册,为我们展现了古罗马社会如何在吸收希腊争点论的基础上,发展其自身的法庭辩论。这本书的作者不详,成书时间大概在公元前89年至前86年之间。[1]这本书的作者同古希腊修辞学家一样,认为"证明和批判"是成功进行说服的关键步骤和途径,因而是修辞的核心。但在如何进行"证明"的问题上,则对赫玛戈拉斯的争点论有所取舍、改造。特别是在讨论问题时,这本书的作者认为运用修辞术时要受到争点论的引导。

西塞罗在《论开题》中将争点发展为五种[2]:①与文字和意图相关的争点,即实际的文字和作者的意图不符;②法律之间的争点,例如在同一案例中存在多条法律且不一致;③与文字歧义有关的争点,即成文法律中存在不成文的含义;④与类比推理相关的争点;⑤与定义相关的争点。

昆体良也赞同把争点论作为一种修辞工具运用于法庭演说中。在法庭辩论中,控辩双方或者他们各自的诉讼辩护人经常就案件所涉及的问题争执不下。所以,第一步是要帮助人们在法庭辩论中鉴别什么是控辩双方的真正争点,判断它们属于什么类别的争点,并且根据这些争点,寻找到确证自己的辩护理由、反驳对方辩护理由的论证策略。例如,昆体良就在《雄辩术原理》中提到:

---

1 参见刘亚猛:《西方修辞学史》,外语教学与研究出版社2008年版,第81页。
2 Cicero, De inventio, 1.13.

当某人因单一罪名被控告时,我们必须要考虑对此作出单一抑或是若干回应。在前一种情况下,我们必须决定这个问题是事实问题还是法律问题:如果是事实问题,我们必须否认这一事实或证明其合理性;如果是法律问题,我们必须找出争点是哪一个,以及该问题是否与法律条文或立法意图相关。[1]

在争点论中,鉴别案件的争点只是第一步;下一步是对争点的区分(division),即将争点区分为各种标准的"题头"(heads)。每个争点均带有预先准备的最为有效的策略纲要,可以指导人们采取相应的辩护策略。[2] 例如,在关于对法律进行解释的问题上,昆体良就这样教导学生:

> 此外,这类案件也包括比较,方法不同,效果也不同。因为我们可以将我们的案件与对手的案件进行整体比较,也可以比较个别争点。如何选择这两种方法只能根据案件要求来定。例如,在西塞罗的《瓦伦诺》(*Vareno*)一书中,处理第一个指控时,比较的是个别争点,因为在第二项指控中将陌生人的地位与某人的母亲相比是很轻率的。因此,如果可能的话,最好的办法是通过个别争点来反驳争点,但是个别争点的说服力不够,需要我们通过整体的案例比较来确保成功。[3]

---

[1] Quint. Inst. Orat. 7.1.13.
[2] 参见舒国滢:《法学的知识谱系》,商务印书馆 2020 年版,第 251 页。
[3] Quint. Inst. Orat. 7.3.22.

不管涉及的是哪一类型的言说，修辞者总是首先发掘出关于"事实认定"的不同意见，或对已经在流通的"事实宣认"提出异议，形成自己进行修辞开题的起因，并在事实层面发掘出有助于达到自己修辞目的的各种话题和论点。只是当这一层面的发明潜力已被挖掘净尽的情况下，修辞者才将注意力转移到跟"事实界定"相关的争论点，力图对该事实下一个尽可能有利于自己修辞目的的定义。[1]

昆体良就提到，"律师经常会提出对法律法规和立法意图的疑问，事实上很多法律诉讼都立足于这些争论点。因此，这类问题出现在学院中时，我们也不必惊讶，在这里，这些问题通常都带有特殊的目的。在同时对法律条文和立法精神进行提问的案例中，创设了这类问题的一种形式"[2]。他还举了两个例子：

案例一：当法律模糊不清的时候就会出现这些问题。在这些情况下，双方当事人会尝试作出对己方有利的解释。以下面的案件为例，一个小偷应该返还偷盗数额四倍的钱款。两个小偷共同偷盗了1万塞斯特提（sesterce），因此（控告人）要求他们每人返还4万塞斯特提。他们各自主张只对2万塞斯特提承担责任。控告人会主张提出的金额是每人赔偿总被盗金额的四倍，被控告人会主张是赔偿平均被盗金额的

---

1 参见刘亚猛：《西方修辞学史》，外语教学与研究出版社2008年版，第78页。
2 Quint. Inst. Orat. 7.6.1.

四倍。双方当事人会就立法意图进行辩护。[1]

案例二：一个外邦人驱赶了爬上城墙的敌人，却要受到处罚。

在本案中，不存在是否每个爬上城墙的外邦人都要受到处罚，以及本案中的外邦人是否要受到处罚这两个独立的问题。因为没有比争议事实更有力的论据来反对法律条文的适用。但唯一的问题就在于，是否即便为了保卫城邦，也不允许外邦人登上城墙。因此我们应当以平等原则和立法意图为本案的辩护依据。不过，正如西塞罗为凯基纳（Caecina）辩护的那样，我们不能总是以法律条文为依据，有时也能以其他法律为例。[2]

当大小前提中的某一个前提缺乏或者这两个前提自身相同，又或是，当这些前提不是形成结论而是导致"疑难"时，"推理"不可能存在，同样，"个案"（确定的问题）也没有任何"有关争点的条件"。赫玛戈拉斯将此类情形称为"缺乏争点的"，包括：证明不足；证明力相当；证明一边倒；无以解答。

实际上，昆体良在前人基础上，将争点论愈发向现实主义引导，在其修辞教育理论中，法庭上需要运用到争点论的三个要点：陈述（narratio）、赞美（laus）和谴责（utituperatio）。这三点也是学校在教授修辞学时必须要传授给学生的。他断言，学校

---

[1] Quint. Inst. Orat. 7.6.2.

[2] Quint. Inst. Orat. 7.6.6-7.

的修辞学教育与法律实践之间存在一些合理的联系。昆体良本人在法庭辩论的过程中也大量运用了争点理论。这种类似"律师"辩论的方式在罗马诉讼程序中为寻求事实真相与推动后世罗马专业律师的出现均发挥了巨大的作用。

公元 2 世纪时的修辞学家赫摩根尼斯进一步发展了赫玛戈拉斯的争点论,并且创造出一个非常体系性的十三个争点"清单":① 事实争点;② 定义争点;③ 性质争点;④ 辩护争点,因行为"是否正当和合法"所形成的争议;⑤ 反驳争点,被告人承认做了错事,但强调其不法行为的实践后果有益于公众;⑥ 反控争点,被告人虽承认做过某种错事,但指控受害人理应遭受其做出的行为之损害;⑦ 转嫁罪责争点,被告人把责任推给被认为应负责任的其他人身上;⑧ 请求减免罪责争点,被告人以各种客观理由或个人的内在状况作为不承担责任的借口;⑨ 条文与意图争点;⑩ 同化争点,指一方将成文法中明确规定的行为和法律未明确规定的另一行为相互类比和等同;⑪ 法律冲突争点;⑫ 歧义争点;⑬ 立案争点,即一方认定某事根本就不值得或不应该成为争辩的事由。[1]

很显然,他的争点论体系是针对法庭演说而制定的。他不是将每一个争点都看作同等的、独立的,而是给诸争点引入了一个派生体系,在这个体系中,其他所有的争点都"来源于"第一个

---

[1] 参见舒国滢:《"争点论"探赜》,载《政法论坛》2012 年第 2 期,第 12—34 页。

争点，而它们各自又相应地派生于前一个争点。

　　不得不承认，西方古典修辞在这一时期达到了鼎盛，法庭演说成为罗马修辞学取得突破性发展的重要阵地。而反过来，修辞学的成长以及其外部文化条件又为法庭演说术的发展贡献了内涵。

# 小　结

我们不难发现，古罗马法律体系的发展和诉讼程序制度的变革主导了这一时期律师职业功能的演进。当事人通过求助于具有法律知识的演说家或者法学家，获得法律上的救济。参与法庭辩护的演说家们致力于将演说术与法律结合起来，帮助或者替代当事人进行法庭辩护，维护他们的合法权益；以追求理性正义为终极目标的法学家，扎根于理论阵地，为律师职业技能的习成保驾护航，并运用自己扎实的专业知识研究各种案件的相关法律，为当事人就其诉讼提供专业意见。[1]

由于执法官和审判员的非专业化牵制了诉讼辩护人的专业化进程，加上诉讼辩护人的地位并没有得到国家的认可，取酬没有得到合理的定位，所以虽然出现了律师的雏形，但是未能形成一种正式的职业，而是由两种人分担其功能——一种是帮助参加法

---

[1] 参见黄美玲：《律师职业化如何可能——基于古希腊、古罗马历史文本的分析》，载《法学家》2017年第3期，第87页及以后。

庭辩护的诉讼代表和诉讼代理人，另一种是提供法律意见的法律顾问。前者的目的在于证成当事人的观点，保护他们的合法利益，而后者则致力于寻找法律问题的正确解决途径，寻求真正的正义。事实上，虽然法学家承担了我们现代意义上的律师的法律顾问功能，但是古罗马法学家群体一直刻意与法庭辩护人保持着相当的距离。很多学者都指出了这两种身份之间的差距。学者克鲁克就认为，"这种区别是绝对的，即那些被确认为法学家（或类似身份）的人并不在法庭上对案件进行辩论"[1]。不过，舒尔茨觉得这也并不绝对："虽然许多法学家倾向于摒弃法庭活动，这也许是事实，但是同样确定的是这并不能被视为一个硬性规则"[2]。

随着后来法庭辩护演说家的逐渐专门化，法学家的咨询功能也慢慢地被诉讼保护人所覆盖。这应该归功于法学与演说术的结合和发展。演说家将法律知识和修辞学技巧结合在法庭演说中，使"法庭演说术"迅速成长为律师的辩护艺术。

同时，演说家在法庭上的重要职能，慢慢地形成了一些重要的道德准则。西塞罗就提到，所有的演说家都应该严格遵守这样一条义务规则，即"任何时候都不要向法庭进行威胁无罪公民的起诉；这样做无论怎么样都难辞其咎"[3]。在罗马人看来，演说的才能本是为了保护人类及其利益，而不是用来给好人制造灾难和毁灭。演说家在法庭上成为"正义"的化身，逐渐获得公众的认可。

---

1 John A. Crook, *Legal Advocacy in the Roman World*, Duckworth, 1995, pp. 37–41.
2 Fritz Schulz, *Storia della Giurisprudenza Romana*, Sansoni, 1968, pp. 55, 108, 119.
3 Cic. Off. 2.51.

# III

# 罗马帝国中晚期律师职业的形成

古罗马法学家莫得斯汀雕像
意大利最高法院

律 师 职 业 的 起 源
THE ORIGINS OF THE ADVOCATUS

PART 3

律师，解决诉讼中的疑难问题，并且通过他们在公共或私人事务中的辩护帮助处于诉讼中的人，使被击倒的人重新振奋，就像那些在战斗中保卫他们的祖国、守护他们的父母的人一样帮助所有人。在我们的帝国，我们认为士兵不仅仅是那些手持剑盾或者乘坐战车的人，还有那些律师，他们用动听的嗓音作战，守卫着那些处于焦虑之中的人的希望、生活和未来。

优士丁尼《法典》2.7.14

# 第十章

罗马帝国中晚期的司法诉讼与法学教育

　　法律职业与司法状态、诉讼程序和法学教育的发展是息息相关的。任何一种法律职业的形成与法学知识的积累和司法程序的细密化、专业化都密不可分。[1]法学是否能在知识体系上与其他的理论相分离，法学家能否构建独立的教育体系，法律职业能否组织具有自治性的专门活动、形成特殊的专业技能、拥有独立的价值取向，是这一阶层是否能够形成的关键因素。

　　经历了罗马共和国和罗马帝国早期的发展，虽然法学家们仍然没有绝对意义上的理论和实践分工，但是在哈德良时期的官僚改革之后，成立了专门的君主顾问委员会（consilium principis）作为皇帝的常设法律咨询机构，负责司法、立法以及行政管理活动。一群重要的法学家开始长期担任重要的司法官员。例如，图

---

[1] 参见霍宪丹：《法律职业与法律人才培养》，载《法学研究》2003年第4期，第81页。

拉真时期的卡西奥·隆琴就曾经先后担任过裁判官、行省执政官，塞维鲁时期的乌尔比安就担任过大区长官，这些重要的行政职务都具有进行民事审判的职能。[1] 随之而来的是法律职业明显变得更加专业化，并且被逐渐纳入国家行政管理中，得到了社会和公众的认可，获得了较好的声誉。

### 一、混乱的司法状态与诉讼程序的发展

戴克里先皇帝（公元 244—312 年）在他的四头统治体制中把整个罗马帝国分为高卢、意大利、东部和伊利里亚四个大区。相对于元首制时代的罗马以及蛮族国家，法律在罗马帝国的社会结构中处于更为核心的地位。行省规模的缩小和改革反而推动了司法管理的加强，皇帝也试图通过频繁且众多的谕令不断提升自己的政治话语权。官僚机构的权力也持续呈现集中趋势，连市政长官这种重要官员也宁愿向中央汇报而非自行决断。[2]

由于这一时期的司法审判功能与行政权力紧密相连，司法领域的层级和管辖在很大程度上也呼应了行政管理级别：通常处理民事、刑事、行政和税务案件的法官都是行省总督（*praeses, index*），在罗马和君士坦丁堡两个首都的司法管辖权则归城市行政长官（*praefectus urbi*）所有。尤其是禁卫军长官，他们是

---

1 参见〔意〕朱塞佩·格罗索：《罗马法史》，中国政法大学 2009 年版，第 267—272 页。

2 See Averil Cameron, Bryan Ward-Perkins & Michael Whitby(eds.), *Cambridge Ancient History (vol.14)– Late Antiquity: Empire and Successors (AD 425–600)*, Cambridge University Press, 2000, p. 239.

皇帝的副手，且拥有司法职能。但是，他们通常只把高级别的重要案件握在自己手中，例如刑事案件，涉及身份、监护权以及公共财产的案件，而把普通民事案件交给下一级别的法官或者是代理法官（iudices pedanei, iudices delegati）审理。市镇法庭通常由两位地方官员主持，只处理一些不太重要或者争议不大的案件。在更低一级的行政区域，司法权力则由城市保护人（defensior civitatis）行使。当然，也设有特殊法庭：例如治安官（praefecutus vigilum plebis）负责审理与公共秩序相关的诉讼，而粮食供应官（praefecutus annonae）则负责粮食供应所引起的纠纷以及对与此相关人员的司法审理。

就案件执行而言，一审案件中，低级别的地方案件由行政区域代理长官（vicarii）负责，高层级的由安条克的东方大区禁卫军长官（comes orientis）和亚历山大里亚的宫廷特使（praefectus augustalis）执行，最高层级的由大区长官（praefecti praetorio）执行。

律师职业之滥觞正是法律诉讼程序不断发展和权利辩护逐渐专业化的产物。随着罗马帝国领土的不断扩张，诉讼纠纷日益增多，烦琐僵化的程式诉讼已经无法满足司法诉讼的需求。在罗马进入帝制以后，从政制层面来看，国家权力逐渐向上集中，司法诉讼的模式也朝着更有利于国家对司法权进行完全掌控的方向发展，在罗马以及各行省，新的诉讼模式开始出现，法官代表国家主导整个诉讼过程，在程式诉讼阶段尚存的私力救济元素完全被公立救济模式所取代。[1]到公元2世纪中叶之后，除皇帝行省以外，逐渐不再适用程式诉讼，取而代之的是非常诉讼（cognitio extra ordinem）。

非常诉讼取消了法律审和裁判审这两个诉讼阶段的划分，整个诉讼活动在执法官的主持下进行，审判人员完全由行使公共职权的执法官充任，不再存在由当事人挑选的私人审判员，也不再要求必须由双方当事人出庭，这使得整个审判过程从自力救济变成一种国家行使管理职能的活动。由于非常诉讼的普遍实施，缺席审判也得以完全成立。

非常诉讼程序中的审判员由具有固定官职的执法官担任。伴随着执法官在诉讼中的作用与能动性大大提高，他们不得不开始学习和熟悉法律。执法官必须是接受过专门法律训练的人。为了确保执法官有效地节约公共资源，能够全面地审视整个案件，并且在无偏差、无错误、无遗漏的情况作出正确的判决，对诉讼参与人专业性也提出了新的要求。"官员们开始对对法律一无所知的修辞演说家们华丽辞藻堆砌式的推论感到厌烦，裁判官逐渐不再接受没有学习过法律的演说家们为当事人进行辩护。"[2]

同时，诉讼程序也由简单的口头陈述发展为需要一定的书面材料，例如书面证词。只有原告向执法官递交诉状才能启动诉讼

---

1 参见齐云：《论罗马民事诉讼法上的证讼》，载《比较法研究》2015年第2期，第9页。

2 Fritz Schulz, *Storia della Giurisprudenza Romana*, 1968, Sansoni, 485ss.

程序，而诉状的内容通常只涉及案件事实而不涉及法律依据，执法官则以案件事实为基础进行法律的适用。[1]进入诉讼程序之后，诉讼双方的争讼依然通过书面形式进行，例如书面证词。"程序的直接性原则和言词性原则这时在很大程度上被抛弃了。所有程序阶段在这个偏好书面的时代都需要记录。作出判决所依据的也主要是（当事人不在场时的）庭审笔录和其他案卷，尤其是在上诉审之中。"[2]这一发展迫使诉讼当事人对专业意见和法庭辩护协助的要求越来越高。

　　事实上，罗马帝国早期所出现的专门的法庭演说团体，虽然具备一定的公法和私法知识，但是无法为当事人提供合理的法律意见。随着法学理论的世俗化和法律程式的简易化，很多低级别的法律实践者利用这一情势将法律诉辩发展为自己谋生的行当。[3]不过只有在经过进一步的专业培训之后，他们才可以成为法律顾问。因由历史传统的关系，一些没有获得官方认可的法学家仍然还在继续帮助有需求的当事人进行诉讼，特别是协助其书写法律文书，如设立遗嘱和买卖契约等。随后这些工作都被一些纯法律实践者接手了，包括法律文书书吏（*tebelliones*）和公证员。但是，直到公元5世纪，罗马帝国都没有从行政管理的角度对法庭

---

1　参见马丁：《罗马法上的"诉"：构造、意义与演变》，载《中外法学》2013年第3期，第565—566页。

2　〔德〕马克斯·卡泽尔、〔德〕罗尔夫·克努特尔：《罗马私法》，田士永译，法律出版社2018年版，第844页。

3　See Anton-Hermann Chroust, Legal Profession in Ancient Imperial Rome, in *Notre Dame Law Review*, vol. 30, 1955, pp. 553-554.

辩护资格作出明确的规定。

诉讼程序的快速发展与法律职业专业化的不均衡发展，导致罗马庞大的行政体制下，法律适用一片乱状。以君士坦丁登位为界，罗马帝国进入一个新的阶段。特别是在修建了"永恒之城"君士坦丁堡作为新的首都以后，整个罗马帝国的重心都开始转向东部，罗马逐渐失去往日的辉煌。伴随新的政治格局到来的，还有更混乱的司法状况。公元4世纪时期的叙利亚历史学家阿米亚诺·马尔切尼诺（Ammaiano Marcellino）这样描述了当时的悲伤景象：糟糕的司法环境，腐败的法官，特别是近乎缺乏法律素养、易于在控告时错误引用法学家观点和古老法律的律师。

《功绩》30.4.2：（瓦伦特）认为，正如莫德斯丁对他所说的，对大量案件的考察貌似是为了羞辱君王的威严，他完全置之事外并且打开了强盗之门，作恶多端的执法官和辩护人如同它们的罪行一样与日俱增。他们把穷人的案件卖给军官或者法庭的权贵，并且赚取财富或者荣誉勋章。[1]

他还提到：

法律渊源之间的冲突摧毁了前几个世纪构建起来的法律科学，一些骗子恰恰是利用这种法律渊源的混乱，在法庭上装模作样，摆出一副法官和律师的样子，然而他们却没有任何法律观念，除了那并不能说明什么的执业资格。[2]

---

1　Ammiano Marcellino, Res gestae 30.4.2.

2　Ammiano Marcellino, Res gestae 30.4,18.

有学者更是将此时的法庭描述为"自夸的律师与无知的法官消极合作的悲伤景象"。这些法庭辩护者为了让人看起来具有高深的法律知识，他们不仅谈论特雷巴丘斯、伽里斯特拉杜斯、阿尔丰努斯这些久远的名字，而且无所顾忌地在审判中伪造批复或者以欺骗的方式操纵判决结果，损害法律的威严。其实，自戴克里先以来的皇帝们都清晰地意识到，必须整体性地解决法律混乱、司法腐败的状况。

**二、法学职业教育的产生**

伴随着古典时期罗马法学知识的发展和法律科学体系的整体性构建，法学知识开始受到重视，法学教育成为一种需求。伴随着哈德良的法学官僚化改革，法律职业开始朝向专业化发展，理论和实践的分区逐渐呈现出来。法学家们虽然一如既往刻意地与法庭演说家保持着距离，但是他们也开始为一些法庭辩护演说家们讲授法律知识，法庭演说家逐渐掌握了法律知识。与此同时，法律顾问团体却日渐退出法律审判的舞台，投入更加学术化的法学知识研究。

盖尤斯就曾经在《十二表法评注》中提到一位叫作昆图斯·图贝罗（Quintus Tubero）的法学家从法庭辩护转为市民法研究。

D.1.2.2.46：他曾与奥菲利乌斯合作：他是一个贵族，他放弃法庭辩护而研究市民法，特别是在盖尤斯·凯撒（Gaius Caesar）那儿控告昆图斯·利加里尤斯（Quintus Ligarius）没有获胜后。昆图斯·利加里尤斯驻守非洲海岸的时候，他既不允许患病的图贝罗靠岸,也不允许他汲水,为此图贝罗控告他,西塞罗为昆图斯·利加里尤斯辩护:他的名叫《为昆图斯·利加里尤斯辩护》的演讲还保存着,的确非常精彩。图贝罗对公法和私法都非常精通,在这两个领域都留下了许多著作。他力求用一种古语的风格写书,因此他的书不太易懂。[1]

实际上从哈德良皇帝开始,国家就为讲授演说修辞的教师设置了像小剧场一样的演讲室,通常开设在柱廊后面,著名的有图拉真广场学校、罗马的奥古斯都广场讲堂、君士坦丁堡的卡皮托利北门庭讲堂等。[2]到公元2世纪末期,古罗马开始创建固定学习法律的场所,很可能是在法庭附近。一些学者则认为,这种公共的法律学校同时也是一种法律咨询机构,并且通常设在神庙中,因为古罗马的神庙往往设有图书馆。紧接着,公元3世纪初期在贝鲁特建立了法律学校,随后法律学校蔓延至整个罗马帝国。戴克里先皇帝改私立学校为公立性质,共设立了六所法律学校,其中罗马和贝鲁特的法律学校声名最为显赫。公立法律学校的出现表明法学教育得到罗马帝国国家层面的认可。

到公元4世纪中叶,法学教育在社会上受到高度重视和推崇,罗马法律规定,只有接受过法学教育才能担任国家公共职务。[3]因

---

[1] 《学说汇纂》(第一卷),罗智敏译,中国政法大学出版社2008年版,第57页。

[2] 参见〔法〕亨利-伊雷内·马鲁:《古典教育史(罗马卷)》,王晓侠等译,华东师范大学出版社2017年版,第124页。

[3] Lucietta Di Paola, Insegnamento e diritto a Roma tra IV e VI secolo, in *Atti dell'Accademia Romanistica Costantiniana*, vol.16, Napoli, 2007, 88ss.

为在这一时期，政府开始意识到，中央和地方行政及司法官员法律知识的缺位凸显出种种社会问题，比如法庭贪腐、公民的正当权利无法得到保障、国家的公共功能无法良好运转等。这样一来，法学知识背景成为国家高级别职务的敲门砖。[1]特别是在罗马，接受过法学教育是进入很多职业领域的必要能力。大概是因为法学教育既能让官僚熟知法律，也能塑造其追求正义的品质，那些即将成为地方长官的人，在接受完修辞学校的高等教育之后，陆续转向专门的法律学校进行学习。因为他们必须努力使自己首先获得"博学者"（scholasticus）的头衔，即达到律师执业的准入标准，才能上任。[2]

不过，要接受法律学校的高等教育，是有一定条件限制的。公元370年瓦伦丁尼安一世（Flavius Valentinianus，公元321年7月3日—375年11月17日）颁布了一项谕令，规定"所有从行省来的学生，都必须持有行省长官发放的通行文件。这些文件上要包括学生的来源地，他的出生证明以及证明他所获成就的推荐信。从他们到达开始应该让人知道他们住在哪里，他们需要行为举止得体，如果出入剧场等嘈乱场所，将被立即遣返"[3]。同时，必

---

1 Lucietta Di Paola, Insegnamento e diritto a Roma tra IV e VI secolo, in *Atti dell'Accademia Romanistica Costantiniana*, vol.16, Napoli, 2007, 92ss.

2 See Averil Cameron, Bryan Ward-Perkins & Michael Whitby(eds.), *Cambridge Ancient History (vol.14)–Late Antiquity: Empire and Successors (AD 425–600)*, Cambridge University Press, 2000, p. 178; John A. Crook, *Legal Advocacy in the Roman World*, Duckworth, 1995, pp. 188-194.

3 C.Th. 14.9.1.

须以一些先修课程作为准备基础，例如文法、修辞学、希腊语和拉丁语、哲学等。[1]学生在固定的教室中接受教育，除周六下午及周日以外，学生都在学校学习。教学方式主要是老师进行系统性的理论讲解，并辅以实践练习。学生课后还互传讲义来交流和复习，巩固学习成果。

不过，国家同时也给予了很多优待政策以鼓励学生学习法律，推动法学教育的发展。在《梵蒂冈残篇》（*Vaticana Fragmenta*）第 204 片段中，乌尔比安提到：卡拉卡拉皇帝颁布了一则谕令，规定来罗马学习市民法的学生可以享受某些费用的减免，而且他们在罗马学习的整个期间都能享受这项优待。[2]公元 3 世纪末至 4 世纪初，戴克里先皇帝和马克西米安皇帝颁布谕令，授予贝鲁特的学生一项特权，即 25 周岁之前都可以不必缴纳个人赋税（*munera personali*）。[3]

君士坦丁大帝时期，高等学校教师还享受赋税豁免权以及其他特殊荣誉。君士坦丁一世颁布敕令，免除修辞学和法学教授的纳税义务和公民义务，并授予他们司法豁免权，免受法庭传讯、起诉和审判，这些权利甚至延伸至他们的妻儿。同时，他还下令

---

1　Anna Maria Giomaro, *Sulla presenza delle scuole di Diritto e la Formazione Giuridica nel Tardoantico*, Rubbettino, 2011, pp. 19-20.
2　Vat. Fragm. 204.
3　舒尔茨认为，该政策很可能也在罗马实行。See Fritz Schulz, *Storia della Giurisprudenza Romana*, Sansoni, 1968, p. 497s.

向教授们支付薪水。[1]公元425年，狄奥多西皇帝（Theodosius Ⅱ，公元401年4月10日—450年7月28日）在君士坦丁堡建立了世界历史上第一所法律"大学"（应该是指第一所公办法律学校），从而使罗马的法学教育达到了古代社会最发达的程度。[2]

狄奥多西皇帝还通过一条谕令正式地创设了法学教授职位，使其获得等同于艺术教授的社会地位。谕令中声明：

> 我们很高兴，根据皇帝颁发的皇家特许文书，希腊语法学家Helladius和Syrianus、拉丁语法学家Theophilus、辩论学教授Martinus和Maximus以及法学教授Leontius将被授予一级伯爵爵位，这样他们就可以获得与前教区代理官同等的头衔。关于荣誉的授予，如果报告称有任何其他人被公开聘任从事上述教学工作，并且表明他们在生活中是令人称颂的，被公认具有高尚的品德，被证实具有教学能力、雄辩的口才、精妙的解释力和流畅的文笔，而且根据元老院的决定认为他们应得此荣誉，只要他们在上述领域履行教授职责，不断奉献和满怀热情地从事教学工作满20年，也将享有与上述人员同等的头衔。[3]

正如这则谕令所显示的，教授实际上是一种由罗马皇帝亲自

---

1 参见〔美〕R. 弗里曼·伯茨：《西方教育文化史》，王凤玉译，山东教育出版社2013年版，第93页。

2 参见何勤华：《西方法学史》（第二版），中国政法大学出版社1996年版，第34页。

3 C.Th. 6.21.1.

授予的荣誉称号，针对的是那些在某一领域（主要是文法和法律领域）有着广博的学识，并做出重大教育贡献的杰出人物，使他们能够享受到"前牧师"一样的身份优待。[1]

经过狄奥多西皇帝的改革，罗马帝国的法律学校大多成为国家公办的法律学校。在这些学校中，由职业教师教授法律，有固定的学习年限、教学大纲，在学习结束的时候有结业考试，而老师们则是带薪的官员。[2] 要成为法律从业者的人还必须从他们的教授那里获得证书，以证明他们完成了学业。在正式从事法律职业前，他们还需要通过口试。[3]

优士丁尼皇帝更进一步将法学教育体系化和规范化。[4] 首先，他开始制定规范化的法学教材。公元533年11月21日，他颁布了关于出版优士丁尼《法学阶梯》的谕令（Imperatoriam maiestatem）。谕令中明确指出，这本书的受众将是法律学校的学生，目的是为"有志于研习法律的青年"（cupida legume iuventus）[5] 提供一本清晰简明的导论性教材，以传授给他们法学的基本知识。谕令中说：

---

1　参见〔美〕R. 弗里曼·伯茨：《西方教育文化史》，王凤玉译，山东教育出版社2013年版，第93页。

2　Fritz Schulz, *Storia della Giurisprudenza Romana*, Sansoni, 1968, p. 490ss.

3　See James A. Brundage, *The Medieval Origins of the Legal Profession: Canonists, Civilians, and Courts*, the University of Chicago Press, 2008, p. 22.

4　Edoardo Volterra, Giustiniano I e le Scuole di Diritto, in *Gregogianum*, vol. 48, 1967, p. 77ss.

5　〔古罗马〕优士丁尼：《法学阶梯》，徐国栋译，中国政法大学出版社2000年版，第3页。

朕特别委托他们根据朕的授权和朕的构想，编写一部《法学阶梯》，以便使你们有可能不再从古老的传说中学习法律的第一课，而是从皇帝的光辉中获取，你们的心耳将不再被灌输任何无用或错误之事，只接受在案件中实际有效的论据。而在更早的时代，这是先经过四个学年后才能勉强发生的事情，此时学生们才阅读皇帝的敕令，你们从入门的一开始就应有地得到这方面的教育，你们得到了何等的荣耀，何等的幸福啊！因为对你们来说，法学教育的开头和结尾，都是从皇帝之口得到的。[1]

而优士丁尼认为法学教育的目的是：

表明你们自己具有支持你们这样的最美丽之希望的学识；在学完全部的法定作品之时，你们也可管理朕的国家委托给你们的部分。[2]

优士丁尼对研习法律的年轻人怀有很高期待，并希望他们掌握的法律知识能在国家的治理中发挥作用。优士丁尼皇帝在敕令[3]中为这部教材赐名"法学阶梯"。

优士丁尼在其谕令中说：

朕命令将上述《法学阶梯》分为四卷，以便包括法律可

---

[1] Imperatoriam, 3. 中文译文参见〔古罗马〕优士丁尼：《法学阶梯》，徐国栋译，中国政法大学出版社1999年版，第5页。

[2] Imperatoriam, 7. 中文译文参见〔古罗马〕优士丁尼：《法学阶梯》，徐国栋译，中国政法大学出版社1999年版，第7页。

[3] Imperatoriam maiestatem, 3-4. 中文译文参见〔古罗马〕优士丁尼：《法学阶梯》，徐国栋译，中国政法大学出版社1999年版，第5—7页。

学的全部基本要素，其中简要地阐述了从前有效的法律，以及后来因脱离使用被投上阴影、由于皇帝的补救被照亮了的法律。

他们根据全部古代法学家的《法学阶梯》，特别是根据朕的盖尤斯的《法学阶梯》和《日常事物》以及其他许多评注编写而成，上述三个博学的人将它们呈交于朕，朕阅读之，审查之，朕赋予它们以朕之敕令的最完全的效力。[1]

正如人们所看到的，优士丁尼《法学阶梯》的编订是一个为法典编纂和法学家之培养共同制定的方案的一部分。事实上，优士丁尼意识到法典是法学家的产品，需要经过适当培养从而知道如何解释和适用这些法典。在这一方案中，优士丁尼《法学阶梯》是最明确的教学材料，尽管它与该方案的其他部分一样，也被赋予了"法律的完全效力"。

其次，他下令对法学教育系统进行改革。公元533年12月16日，优士丁尼皇帝颁布Omnem谕令。[2]他关闭了凯撒利亚（Caesarea，叙利亚）和亚历山大城（Alexandria，埃及）的法律学校，禁止在罗马、贝鲁特和君士坦丁堡之外从事法律教学活动，并授予它们垄断性的国家官方教育地位。[3]同时，他希望学校的培

---

[1] Imperatoriam, 4-6. 中文译文参见〔古罗马〕优士丁尼：《法学阶梯》，徐国栋译，中国政法大学出版社1999年版，第5—7页。

[2] 该敕令已被译成中文。参见梁慧星主编，《民商法论丛（第10卷）》，法律出版社1998年版，第842—850页。

[3] Omnem, 7.

养计划与他宏大的法典编纂计划相契合,以完成最终的法典编撰工作。另外,他还希望制定确定有效的规则来规范法律学校的作用和运转。[1] 从上述系列谕令中我们得知,当时的学习时间应该是五年,主要学习内容如下[2]:

| 第一年 | 优士丁尼新生 | 优士丁尼《法学阶梯》(4 卷)以及《学说汇纂》(1—4 卷) |
| --- | --- | --- |
| 第二年 | 敕令 | 《学说汇纂》(5—19 卷) |
| 第三年 | "帕比尼安者" | 《学说汇纂》(5—19 卷)、帕比尼安著作 |
| 第四年 | Lytae | 《学说汇纂》(28—32 卷)以及 10 个单卷本 |
| 第五年 | Prolytae | 《学说汇纂》(37—50 卷)、《法典》 |

在优士丁尼时期,官方法律学校对学员人数以及入学资格都有严格限制,当人数超过 80 人之后,除了那些在罗马帝国排名前 30 的律师的儿子,且他们要经过律师辩护的培训,便不再接收任何人。此外,官方法律学校对于学员的知识背景也有严格要求,每年入学的非法学知识背景的学生不能超过 2 人。[3]

彭波尼早就提到,在每个学派,一个法学家"接替"另一个法学家时所采取的方式,表明存在某种组织机制。伴随着诉讼程序的专业化发展和法学教育的职业化进展,法学家的咨询功能与

---

[1] Anna Maria Giomaro, *Sulla Presenza delle Scuole di Diritto e la Formazione Giuridica nel Tardoantico*, Rubbettino, 2011, p. 54.

[2] 参见徐国栋:《优士丁尼法典编纂研究》,载《法治研究》2010 年第 8 期,第 34—48 页。

[3] C. 2.7.26.pr.

法庭演说家的法庭辩护功能逐渐合并,到公元 4 世纪末期,两者合二为一。[1]而罗马帝国后期蓬勃发展的法学教育,更是为法律成为一种专门的职业技能提供了重要保障。

---

1　See James A. Brundage, *The Medieval Origins of the Legal Profession*: *Canonists, Civilians, and Courts*, the University of Chicago Press, 2008, p. 27ss.

# 第十一章

## 法律职业"新贵"——律师

到了罗马帝国中晚期，伴随着法律顾问与法庭演说家在法庭辩护上的职能合并，"advocatus"这一术语也具有了更加广阔的含义，既包括法律咨询者，也包括法庭辩护人，并且延伸到所有在诉讼中协助当事人的人，似乎仅仅将从古希腊移植过来的演说写手排除在外。或者更加准确地说，该词的含义更加具有技术性，专指那些为法庭审判提供服务的人。优士丁尼《学说汇纂》中的片段这样定义："我们应该将所有那些通过一定程度上的实施在各个环节参与到诉讼中的人尊为律师（advocatus），但是那些通常收取酬金书写状纸而不参加辩护的人不包括在内。"[1]

律师职业很快成为法律职业中的"新贵"，在社会中受到广泛且崇高的尊重。无论罗马帝国东部还是西部，比较重要的官员都从这一阶层中选出。在帝国东部，他们还被邀请参与立法，特

---

[1] D. 50.13.1.11.

别是在几部官方法典编纂中,例如《狄奥多西法典》和优士丁尼《法典》。虽然大多数重要的家族垄断了这一职业,但它同时也为平民通往高层级社会阶层提供了"直通车"。很多重要的文献显示,大量的律师在这一时期占据着罗马帝国重要甚至是最高位阶的官职。狄奥多西二世与瓦伦丁尼安三世皇帝在公元442年颁布《关于请求的谕令》(Constitutio de postulando)[1]中,将法律职业称为"所有尊严的苗床"(seminarium dignitatis),声明法律职业者可以胜任最高级别的职位。

在皇帝谕令规定及行政官员管理下,层级分明的律师职业体系逐渐形成。

## 一、人民的律师——普通法庭律师

法庭律师由罗马共和国时期的诉讼保护人发展而来,他们需要在法庭进行注册并被纳入律师组织管理,才能从事法庭辩护。法庭律师参与法庭辩护的途径有两种:一是聘请代理,即当事人主动聘请名册内的律师为自己进行辩护;二是指定代理,为了保证双方当事人充分行使自己的辩护权,裁判官会为未聘请律师的双方当事人或者无法获得律师帮助的当事人指定律师。

### (一)法庭律师的层级

法庭律师需要在法庭进行注册,加入该法庭的律师行会,并

---

[1] Roberto Andreotti, Problemi della Constitutio de postulando attribuita all'Imperatore Giuliano e l'esercizio della professione forense nel tardo Impero, in *Revue Internationale des Droits de l'Antiquité*, vol. 19, 1972, pp. 181-218.

且每个法庭的律师行会之间是相互独立的。优士丁尼《法典》中所收录的一则谕令可以真实反映这一情况:"每个团体都归属于自己的城市或者地区的法庭,而团体中的成员仅对这些法庭的审判承担责任。"[1]

因此,法庭律师的层级与其隶属注册法庭的行政层级紧密联系。在戴克里先改革以后,整个罗马帝国被划分为东西两部分,共四个大区,罗马帝国东部包括东方大区和伊利里亚大区,罗马帝国西部包括意大利大区和高卢大区。大区下面则划分为具体的辖区:在罗马帝国东部,东方大区的辖区有东方(叙利亚和巴勒斯坦)、亚细亚、本多、特拉契和埃及,伊利里亚大区的辖区有马其顿和达契;在罗马帝国西部,高卢大区的辖区包括英国、高卢、维纳和西班牙,意大利大区的辖区包括意大利、伊利里亚和非洲。此外,每个辖区又由数个行省组成。[2]基于此行政区划,当时的法庭也划分为不同的层级,最高一级为大区法庭,仅次于大区法庭的是辖区法庭,行省法庭再次之,法庭律师按照其注册法庭的层级也相应划分为不同的等级。

法庭律师是有人数限制的,但不同地区、不同等级的法庭律师人数并不一定相同。皇帝通常会颁布谕令就不同等级、不同地区法庭的法庭律师人数作出规定。

---

[1] C. 2.7.13.pr.
[2] 参见〔英〕H. F. 乔洛维茨、〔英〕巴里·尼古拉斯:《罗马法研究历史导论》,薛军译,商务印书馆2013年版,第544页。

起初，似乎没有就不同层级法庭律师的具体数目进行特别说明，只是规定了罗马帝国主要大区的每个高等（执法官）法院所能接纳的法庭律师的上限（*numerus clausus*）。不过，或许是因为当时在法庭注册的律师数量还是太少，无法满足社会需求，同时也影响到法庭的审判效率，君士坦丁皇帝在公元319年撤销了这条规定："我们在此撤销每个法庭只能接纳固定数量辩护律师的规定，并且赋予每一位（有资质的）辩护律师凭借自己的才智在法庭上为自己的职业荣耀而奋斗的权利。"[1]但为了避免一位辩护律师同时处理多宗案件，君士坦丁大帝还规定，"任何辩护律师不得在一个以上的大区法庭注册"[2]。或许基于同样的原因，阿卡丢斯皇帝和奥诺流斯皇帝也在公元396年颁布谕令，不允许任何辩护律师在大区法庭注册的同时，还在辖区法庭或其他较低级的法庭注册。

由于法庭律师人数上限被撤销，并且法庭律师享有一定的特权，是通往荣誉之路的起点，许多人对此职业趋之若鹜。到公元5世纪，罗马帝国的法庭律师已经严重冗余，诸多谕令恢复了对各级法庭律师人数的限制。

1. 大区法庭律师及其注册人数

在公元440年，狄奥多西二世和瓦伦丁尼安三世颁布谕令，规定"禁卫军长官的律师行会人数限制为150人，人数既不能增

---

1 C.Th. 2.10.1.
2 C.Th. 2.10.2.

加也不能减少"[1]。超额的法庭律师应被除名,除非此人被提拔为国库律师,否则应剥夺其此前作为一位信誉良好的法庭律师所享有的一切特权。至此,皇帝谕令确立了大区法庭执业律师的人数限制政策。

对位于亚得里亚海东岸的伊利里亚大区,利奥二世皇帝和芝诺皇帝在公元474年致该行省禁卫军长官的一则谕令中规定:"我们命令,如先前所规定,阁下(管辖)高级法庭的律师行会人数应为150人。并且律师的人数因退休、死亡或其他任何原因而减少时,应由阁下按照如下的方式选任(合适的律师)以填充该数目。"[2]

然而,虽同属大区,对位于东罗马首都君士坦丁堡所在的大区法庭的高级法庭律师的注册人数上限,法律却有着不同的规定:利奥皇帝在公元472年的一则谕令中明确表示该大区法庭的注册人数上限为64人。[3] 后来,有资质在君士坦丁堡所在大区法庭中出席的高级法庭律师人数增加到150人。而对于该地的普通法庭律师,优士丁尼大帝在公元524年规定注册人数上限为80人。

2. 辖区法庭律师及其注册人数

律师候选人需要等候席位才能在更高级的大区法庭执业,为

---

[1] C. 2.7.8.
[2] C. 2.7.17.
[3] C. 2.7.15.pr.

了保障律师们能够充分参与法庭审判，后来似乎允许了律师在法庭层级之间自上而下地单向流动。利奥皇帝在公元 460 年致禁卫军长官维维安努斯的一则谕令中表示：

> 我们进一步规定，阁下杰出的律师团队超过 150 人时，超出的律师应当被允许在可敬者（viri spectabiles）资深执政官、宫廷特使（埃及）、东方大区长官或者可敬者（帝国）代理官的法庭上辩护案件，也应当被允许在行省长官的法庭上为法律事务辩护。[1]

因此，对大区法庭律师人数进行限制还有另一目的，即鼓励更多的法律专业人士到缺乏合格律师的辖区法庭等低级别的法庭中执业。

利奥皇帝和安特缪斯皇帝在公元 468 年致埃及辖区执政官亚历山大的谕令中就埃及辖区法庭的职业律师数量作出了规定：

> 根据本法令，我们批准了亚历山大博学的律师关于他们法庭登记名册以及国库律师的请愿书，我们规定，律师登记人数限定为 50 人，并且会定期更新所登记的姓名，同时对于那些寻求帮助的人，律师们既可以在可敬者埃及边境长官的法庭也可以在宫廷特使的法庭提供辩护。但是，对于超出任命人数限制部分的律师，他们应当在同一城市其他法官的法庭上进行辩护，而在填补（50 名律师的）空缺时，登记名册内律师的儿子优先于超出任命人数限制部分的律师进行

---

[1] C. 2.7.11.3.

补位。[1]

因此，对于在埃及辖区长官（*praefectus Augustalis*）和埃及边境伯爵（*duci Aegyptiaci*）主审的辖区法庭注册高级律师的人数上限规定为 50 人，而对于下级法庭注册的普通律师的人数上限则没有特殊规定。罗马法学者利伯斯教授（Detlef Liebs）认为，与埃及同级别的辖区法庭上限是 50 人，而埃及则是 60 人。[2] 城市长官的法庭为 80 人，而大区长官的则为 150 人。

对于东方辖区法庭，阿那斯塔修斯一世皇帝和君士坦丁皇帝在公元 505 年颁布谕令规定：

> 这一律师行会的人数应减至 40 人，具体如下：对于目前律师行会中的超额律师，不得免除其律师职务；但只要律师人数超过 40 人，就不得再批准任何（新）成员加入。[3]

### 3. 行省法庭律师及其注册人数

实际上，专门针对行省法庭颁布的谕令很少，仅有零星谕令记载了关于行省法庭律师的相关规定。例如，对于叙利亚行省法庭，阿纳斯塔修斯皇帝在公元 517 年颁布谕令规定：

> 律师行会的人数应减至 30 人，具体如下：对于目前律师行会中的超额律师，不得免除其律师职务；但只要律师人数

---

1　C. 2.7.13.pr.

2　See Averil Cameron, Bryan Ward-Perkins & Michael Whitby(eds.), *Cambridge Ancient History (vol. 14)– Late Antiquity: Empire and Successors (AD 425–600)*, Cambridge University Press, 2000, pp. 241-242.

3　C. 2.7.22.

超过30人，就不得再批准任何（新）成员加入。[1]

在笔者看来，这种愈演愈烈、反复强调的人数限制似乎值得注意，到底是上诉辩护成了一种有利可图的职业，使得职业竞争变得异常激烈，还是有某种更深层次的社会原因？无论如何，法庭律师只有在注册之后才能从事辩护活动。并且，这一时期并不存在能够在罗马全境的法庭进行辩护活动的法庭律师，法庭律师只能在自己所注册的法庭从事辩护活动。从这个角度看，与其说法庭律师是受当事人委托，帮助当事人进行诉讼，还不如说法庭律师本来就是罗马帝国司法系统中的一环，与法官不同的是，在诉讼中，他们所行使的是代理辩护的职能，正如亚历山大皇帝（Alexander Augustus）下达的谕令："无论律师在他们处理案件的当事人面前提出什么主张，都应被视为与当事人自己陈述的主张相同。"[2]法庭律师在法庭上可以说就是以当事人的身份参加诉讼，即使律师在法庭中做出错误的辩护，只要在场的当事人没有及时提出异议，并且在三天之内没有提起上诉，那么判决书也是确定有效的。[3]但涉及国家利益的案件，对律师的身份有特别的要求。比如涉及国库的案件，必须由国库律师代表国家进行诉讼，否则判决不会生效。[4]

---

1　C. 2.7.24.pr.
2　C. 2.9.1.
3　C. 2.9.3.
4　C. 2.8.4.

## (二) 法庭律师的权利

律师在罗马帝国晚期享有较高的地位,因此他们较普通公民而言可以获得更多的权利,例如律师对于其通过辩护等法律服务所获之物可以主张个人所有,正如谕令所记载的:

> 任何法庭的律师均应当或者可以基于与之相关的职责主张所有权,尤其是在他们父亲死亡后可以提出,这类似于军营特有产的权利。[1]

该规定是为了让担任律师的家子能够突破罗马家父权下的家父财产管理制度,使其拥有一定的经济独立性。因为在罗马法中,家庭中的所有财产归家父所有,家子不具有财产能力,他们取得的一切财产都归家父所有。而特有产制度则允许家子独立经营管理部分财产。这种限制财产能力来自军人阶层,起初是奥古斯都皇帝赋予军人的通过遗嘱处分他们服役期间取得的财产的权利,所以称为"军营特有产"(peculium catrense)。[2] 后古时期,这项权利扩张至其他情形,也被称为准军营特有产。

此外,律师还能享有一定的特权。对于普通法庭律师而言,他们享有的特权主要包括:①在法庭进行辩护时,不受任何法官和大区其他官员的干扰;②任何人不应当妄图强加任何事于行省法庭的律师或者巡回法院法庭的律师身上;③不承担任何纳税的

---

1　C. 2.7.4.
2　参见〔德〕马克斯·卡泽尔、〔德〕罗尔夫·克努特尔:《罗马私法》,田士永译,法律出版社2018年版,第644页。

义务，包括接受财产调查和缴税的义务；④不承担修建公共工程的义务。任何违反上述规定的罗马官员，将会被处以 50 磅金子的罚款。[1]

即使是退休的律师也因获得头衔而可以享有区别于平民的权利：

> 我们命令处于上述职位的人（律师），（即）每一位现任和以后的注册律师，在退休后应当跃升最尊贵者——一等伯爵阶层，以便在他们退休时收获对过去工作的回报，也是作为他们经证实的对客户忠诚和勤勉的报答，从而有别于大众，成为最尊贵阶层中的一员。[2]

我们需要注意的是，虽然律师享有的权利会因所处阶层存在差异，但是同阶层的律师所享有的特权似乎并不会存在差别，狄奥多西皇帝和瓦伦丁尼安皇帝就曾经规定："伊利里亚大区的律师应当获得与东方大区禁卫军长官的律师相同的特权。"[3]

律师享有罗马帝国赋予权利的同时也必然要负担一些义务。他们不仅需要在固定的法庭上进行辩护，而且还要接受授予他们辩护资格的行政长官的纪律检查。

---

[1] C. 2.7.6. 磅是古罗马时期的一种重量单位。1 罗马磅（libra）大约为 327 克。参见〔英〕R. A. G. 卡森：《罗马帝国货币史》（上册），田圆译，法律出版社 2018 年版，第 5 页。

[2] C. 2.7.20.

[3] C. 2.7.7.

## 二、帝国的律师——国库律师

按照《奥古斯都传》中的记载,国库律师[1]（Advocatus Fisci）是哈德良时期创设的一种职位[2],后来发现的铭文文献也证实了这一论断。[3]这种辩护律师起初是由骑士阶层担任,而且是该阶层的最低层级,主要负责在诉讼中维护私人的利益。国库律师可能起初仅仅存在于罗马,后来才逐渐在各个行省被效仿,随后发展成为一种负责代表国家利益进行辩护或者控告的高级职务,主要是维护国库或者罗马帝国财产的利益。

有学者[4]认为,设立国库律师的目的是弥补私人在控告国库损失时的能力不足,特别是在无人继承遗产（bona vacantia）的情形中,私人必须获得国库律师的支持才可以进行控告。这个观点很容易理解,因为在罗马法中,没有任何继承人或者所有继承人均丧失继承权而无法实现被继承的遗产,通常归国库（fisci）所有。实际上乌尔比安也有片段提到:"如果帝国国库就任何人的

---

[1] 很多法学家对这种特殊的律师制度进行了研究。See V. Humbert, Voce Advocatus Fisci, in *Dictionnaire des Antiquités Grecques et Romaines I*, Paris 1877, p. 90; E. De Ruggiero, Voce Advocatus Fisci, in *Dizionario Epigraficodi Antichità Romane*, vol. 1, 1886, p. 126; W. Kubitschek, Voce Advocatus Fisci, in *R. E. Pauly Wissowa I*, Stuttgart 1894, p. 439; U. Coli, Voce Fisco (Diritto Romano), in *Nov. Dig. It.*, vol. 7, 1961, p. 384; A. Burdese, Voce Fisco (Diritto Romano), in *Enc. Dir*, vol.17, 1968, p. 676; G. Boulvert, Advocatus Fisci, *in Index*, vol. 3, 1972, 22ss.; A. Burdese, Sull'Origine dell' «Advocatus Fisci», in *Studi E. Guicciardi*, 1975, 90 ss.

[2] Hadrian 20,6: Fisci advocatum primus instituit.

[3] ILS 1451.

[4] P. Lambrini, In Tema di "Advocatus Fisci", in *SDHI*, vol. 59, 1993, pp. 325-336.

身份提出疑问，则必须有国库律师在场。如果在没有国库律师在场的情况下做出判决，则该判决没有任何效力，审判必须重新开始。"[1]

罗马帝国晚期，越来越多的法律都和行政有关。"罗马行政官员和皇帝司法职能，以及对与帝国国库相关的诉讼的介入一直以来都在律师和政府之间纠缠不清。"[2] 国库律师也作为财务代办成为皇帝的法律代理人，即最高等级的法律顾问，享有高额的薪水并且有退休荣誉。

国库律师通常有两名，只有最优秀的法庭律师才可以升职为国库律师。根据优士丁尼《法典》的记载，能够晋升成为国库律师的人有：①行省法庭的首席律师，他们必须在退休前的两年担任国库律师[3]，这实际上是一种义务；②高级律师（high office）[4]，应当是指皇帝律师和大区法庭律师；③法庭每年评定的两名卓越律师[5]。

由于国库律师代表公权力，行使普通法庭律师所不具备的保护国家财产的职责，除普通法庭律师必须履行的义务外，法律对国库律师还有着更高的要求。

---

[1] D. 50.14.7.

[2] Averil Cameron, Bryan Wark-Perkins & Michael Whitby(eds.), *Cambridge Ancient History (vol. 14)– Late Antiquity: Empire and Successors (AD 425–600)*, Cambridge University Press, 2000, p. 178.

[3] C. 2.7.24.pr.

[4] C. 2.7.21.

[5] C. 2.7.10.

首先，国库律师不得拒绝代理国库的案件，如果拒绝代理，他将会终身失去担任国库律师的资格。其次，国库律师不得向国库掩盖财务优势，必须真实地向国库报告可能获得的财产利益。最后，国库律师在缺乏依据时不得以国库名义向他人提起诉讼。[1]

不过，作为最高级别的律师，国库律师也享有更优越的特权：

其一，国库律师及其子女的优待。国库律师及其子女可以免于承担公共职责。[2] 利奥皇帝的一则谕令说道："国库律师先前已被知晓所享有的全部特权以及阁下报告中提到的特权应当在今后完整保留并不受侵犯。因此，当我们慷慨地授予接任者荣誉（担任国库律师）时，他们可以安度余生，不会因强加的公共义务而焦虑。"[3] 国库律师及其子女不受任何下级官员或低等级人的约束和侵害。[4] 国库律师的儿子有被优先选拔成为国库律师的权利，但必须接受一定时间的法学教育。[5] 凡进入国库律师队列的人，连同他们的子女，都可以免于类似治安官或其他低级公务员的任职。[6]

利奥皇帝在公元472年发出的一则谕令中指出："我们已然决定，这一福利也应当授予达到国库律师级别的任何人，即若他们在任职期间离世，自担任国库律师起一整年的全部报酬应当不

---

1　C. 2.8.1.3.
2　C. 2.7.8; C. 2.7.22.6.
3　C. 2.7.13.1.
4　C. 2.7.21.
5　C. 2.7.22.5.
6　C. 2.7.8.

受限制地转交给其继承人或继任者，不论他们是亲生子还是私生子，也不论是通过遗嘱继承还是无遗嘱继承的形式转交。"[1] 即如果国库律师在职时死亡，那么他的继承人将会得到他全年的工资。

其二，退休优待。国库律师在履职一年后应当离开该律师行会并被授予罗马帝国议会伯爵称号，所取得的财产被视为军营特有产，即"我们规定阁下法庭的国库律师通过任何方式合法获得的所有财产，他们都可以为自己主张所有，就像军营特有产一样，这些财产并非其父亲或者祖父的利益"[2]。国库律师的房屋不承担军队征用的义务。[3] 在他们退休之后，他们的儿子（生来自由人）能够免费加入律师协会并获得律师执照。

其三，诉讼豁免和优待。国库律师不能被随意传唤出庭，只有在他们所在的行省才能对其进行起诉。[4] 国库律师在民事和刑事案件中被起诉时，不承担任何诉讼费用。[5]

其四，国库律师可以获得皇帝给予的特别奖赏。"因此，我们命令，阁下管辖法庭担任国库律师的最尊贵者应当接受，在他们履职那年的帝国隆重的新年庆典上，在尊贵的伯爵出席的情况下，接受我们亲自颁发的礼物。在他们卸任后，如果他们有生来自由的儿子，应将他们注册为公证员，并按照惯例获得免除支付

---

[1] C. 2.7.15.
[2] C. 2.7.8.
[3] C. 2.7.22.2.
[4] C. 2.7.22.6.
[5] C. 2.7.26.6.

推荐费的皇帝信件。"[1]

查士丁时期给予国库律师的财产优待更为丰富，其在公元519年的一条谕令针对国库律师设立了一些优待措施：

1. 此外，我们给他们发放帝国认证书，不仅是以一位国库律师的名义，还有另一位国库律师，以此来确认保民官和秘书（的人选），无论他们是想将此荣誉授予他们的儿子还是其他人。

2. 并且，还有一项更高的荣誉，向他们授予皇帝手谕以彰显他们的阶层——（但）我们只承诺以一名国库律师的名义授予该手谕，须征得另一位国库律师的同意才生效，或授予他们行省中的任何一人或者他们居住在行省中的任何一位朋友。

3. 更进一步，我们每年赋予两名国库律师分别效忠皇帝的机会，在皇家护卫死亡后职位有空缺时，成为有限的皇家护卫中的一员，一名担任骑兵，另一名担任步兵。前提是他们（那些死去的皇家护卫）仍在世时，没有与那些对此有意向的人（这两位国库律师）就此职位达成交易。并且，这两位口才出众的国库律师应知道，当他们认为他们合适接任（死去的皇家护卫）时，他们每人须向尊贵的皇家护卫伯爵支付不超过2000索利都斯，具体而言，需要就职于骑兵部队的向骑兵伯爵支付，需要就职于步兵部队的向步兵伯爵支付。按照惯例所应得的津贴和其他报酬将分配给这些新兵，

---

1　C. 2.7.23.1-2.

而无须支付任何其他费用。

4. 他们（国库律师）还应享有在不同时期可以获得的其他特权，这些特权可以通过皇帝诏书授予，也可以通过阁下部门的命令或指示授予。对于那些值得授予新荣誉的国库律师来说，他们以前的荣誉也应当被保留。[1]

因此，根据以上内容我们可知，罗马帝国中晚期的皇帝、行政官员已经对律师权利、注册人数进行了详细的规定，清晰的职级划分已经出现，辩护层级体系初步搭建起来。同时，国家不仅对为个人进行辩护的私人法庭律师进行管理，还设置了专门的类似于国家公共辩护人的职务——国库律师，初步形成了对应于公民诉讼和国家诉讼的二元辩护体系。更为重要的是，律师在这一时期享有丰厚的特权，该职业不仅是进阶国家高级官员的阶梯，还为个人和家庭带来了实质性的物质优待。

---

1　C. 2.7.25.

# 第十二章

律师职业规范的确立

在罗马帝国晚期,职业律师不仅需要接受专业的法律知识教育,拥有一定的法庭演说技能,而且还要参与律师团体的注册。尊贵的社会地位、层级分明的国家管理体制,加上国家和社会的认可和优待,律师职业团体逐渐形成。更为重要的是,该团体逐步确立了准入规范、执业规范与薪酬规范,从而形成了全面的行业规范体系。如果按照罗斯科·庞德(Roscoe Pound)的衡量标准,即"一份职业须具备组织性、学问性和为公共服务的精神"[1],那么通过本章的内容,我们可以更清晰地感受到在罗马帝国晚期,律师职业已然形成。

---

[1] Roscoe Pound, What is A Profession—The Rise of the Legal Profession in Antiquiry, in *Notre Dame Law Review*, vol.19, 1944, p. 204.

## 一、律师的准入规范

### (一) 职业律师需要接受法学专业教育

从公元 4 世纪起,想要成为律师的人,必须在古希腊城市贝鲁特或者罗马帝国西部的罗马接受四至五年法律学校的正规教育,而不是仅在修辞学校学习作为辅修课的法律知识。在此期间,他们必须在法学教师的指导下接受系统而严格的法律训练。尽管这样的训练起初常常遭到老派修辞学家和法庭演说家的唏嘘,认为这是"破坏性的创新",并且哀叹西塞罗的雄辩时代一去不返。但事实却是,这一时期的行政职位也开始有意识地向获得律师资格的人倾斜,受到过系统的法学教育在某种程度上更加容易获得重要的行政岗位。因此,逐渐促成了另外一种局面的形成,那就是越来越多的律师成为罗马帝国的官员。[1] 由于罗马帝国晚期的官员不仅待遇丰厚、头衔尊贵,而且还拥有一系列特权,很多年轻人为了学习法律而蜂拥般地去法律学校注册。随着修辞学家和法庭演说家不情愿地淡出法庭辩护舞台,律师职业开始走上正轨。

罗马帝国甚至建立了一套正式的职业化考核标准。有学者认为这在古代世界可能是独一无二的现象。[2] 公元 460 年,利奥皇帝

---

1 Anton-Hermann Chroust, Legal Profession in Ancient Imperial Rome, in *Notre Dame Law Review*, vol. 30, 1955, p. 572.

2 Averil Cameron, Bryan Ward-Perkins & Michael Whitby(eds.), *Cambridge Ancient History (vol. 14)– Late Antiquity: Empire and Successors (AD 425–600)*, Cambridge University Press, 2000, p. 178.

颁布的谕令第一次明确地规定，在法庭上作为律师为他人进行辩护，必须通过法律考试，并且出示法学教师所开具的证明，证明其拥有必备的法学知识。[1] 舒尔茨（Fritz Schulz）认为这种规定早就已经约定俗成，只是在该谕令中才成为正式的法律规定。[2]

事实上，罗马皇帝针对律师执业资格所颁布的谕令还有很多，这些谕令毫无例外地都强调其法律知识背景。例如瓦伦丁尼安三世皇帝[3]与阿那斯塔修斯一世皇帝[4]的两条谕令都规定："此后，在证实已经接受了规定时间的法学教育之前，任何人都不得成为上述律师行会的一员。"也就是说，阿那斯塔修斯皇帝比利奥皇帝更进一步地要求候选人在法律学校完成了完整的（五年）法学教育课程。

这三条谕令应该是最早要求律师候选人证明自己接受过法学教育的法律规定。不论是对职业律师的教育背景做出规定，还是要求律师的老师提供保证，这些谕令的颁布都是为了确保律师候选人接受过专业的法学训练，从而设立了成为律师的专业门槛，明确了律师的专业资质要求。但是，这并不意味着修辞训练在这个时候已经无关紧要。修辞能力是罗马帝国行政官员允许律师候

---

1 C. 2.7.11.2："同样，我们命令他的老师，作为法律专家，在记录声明下，宣誓证明该被选中（作为律师）之人已经接受了法律专业知识的培训。"

2 See Fritz Schulz, *History of Roman Legal Science*, Oxford University Press, 1946, p. 277.

3 Nov. Val. 2.2.1-2; 2.3.1.

4 C. 2.7.22.4; C. 2.7.24.4.

选人们进入辩护团体的筛选标准，皇帝们也仍然把"雄辩能力（修辞能力）"作为律师们的职业标志。

### （二）职业律师需要通过身份审查

律师与当事人之间形成的代理关系是这一时期不同于其他阶段法庭辩护人的基本特征，也是法庭律师职业化的重要标志。裁判官或是为了展现仁慈，或是为了使当事人不因为对手的诡计或者对律师感到恐惧，一般都会为因特定原因无法获得律师的人指定律师。但是，为了保证诉讼理由的合理性以及他自己的尊严，裁判官确立了三类诉讼请求人：被他禁止作出诉讼请求的人；被他许可仅仅为自己的利益作出诉讼请求的人；为自己及某些特定的他人利益作出诉讼请求的人。[1]

因此，一名职业法庭律师首先必须是一名适格的诉讼请求人，应满足如下规定：

（1）关于诉讼请求人的年龄要求。法律规定诉讼请求人须年满17周岁，原因是裁判官认为年满17周岁才适合公开露面。[2]虽然按照律师需要在高等学校获得法律学位的时长来看，作为一名律师不太可能低于17周岁，但是小涅尔瓦确实就是在这个年纪或者稍微晚一些的时候就法律问题公开地发表观点。不过，在涉及恢复原状的案件中，则要求年满25周岁的成年人才是适格的

---

[1] D. 3.1.1.pr-1.

[2] D. 3.1.1.3.

辩护人。[1]

（2）禁止女性为他人提出诉讼请求、进行法庭辩护。在当时，"担任律师被视为是男人的职责"[2]，其目的是防止女性介入他人的案件，因为女性不够稳重。这项限制实际上源于一个名叫卡法尼娅的女子[3]，据说由于该女子在法庭上无理取闹的申请冒犯了裁判官，因而促生了此项禁令。

乌尔比安并没有对该女子作太多的交代，但是我们从历史学家马克西姆斯的片段中找到了一些消息：

> 事实上，元老李其乌斯的妻子卡法尼娅准备提起诉讼，她总是到裁判官面前亲自发表演说，并不是她没有法庭辩护人，而是因为她厚颜无耻。由于她不断地在法庭上胡言乱语，无常地骚扰了法庭，她成了最臭名昭著的无理缠讼的女性，同时她的名字也成了"女性不受人待见"偏见的代名词。[4]

（3）禁止某些失聪、失明等身体残疾的人进行法庭辩护。由于代理的法律后果须由当事人承担，法律对法庭律师的行为能力也有严格的要求。裁判官禁止完全听不见的聋子向法庭作出诉请。在他们看来，这可能是危险的，因为听不见裁判官的法令，

---

1　D. 3.3.51.pr.

2　C. Th. 2.12.5; D. 3.1.1.5.

3　See Nikolaus Benke, Women in the Courts: an Old Thorn in Men's Sides, in *Michigan Journal of Gender & Law*, vol. 3(1), 1996, pp. 195-256.

4　Valerius Maximus 8.3.2.

如同没有遵守裁判官的法令那样，会因"反抗法庭命令"而被惩罚[1]；罗马法律还不允许双眼全盲的人担任辩护律师在法庭上提出诉讼请求，因为他们不能看见官员的徽章并对其表示尊敬[2]；此外，有长期疾病的人也被认为不是适格的辩护人[3]。

（4）不名誉的人也被排除在外。由于律师被视为一种高尚的职业，对于诉讼代理人还有声誉上的要求。声名败坏之人、被判死刑或者因为其他原因而导致不名誉的人，以及鸡奸者、角斗士等，不能代表他人提出诉讼请求或者担任诉讼代理人[4]，实际上也不允许出席审判（除非为本人或某些亲近的人）。根据一项元老院决议，"在法庭上被判虚假诉讼的人，被禁止为他人作出诉讼请求，即使在管辖权级别更低的法庭"[5]。

除具备上述关于诉讼请求人的基本资格要件之外，还需要对律师进行宗教和政治身份审查。

首先，在基督教皇帝时代，从事律师职业需要通过宗教信仰审查。《狄奥多西法典》中所收录的一项谕令显示，公元418年的时候还是允许犹太人担任律师的。[6]但根据公元468年利奥皇帝和安特缪斯皇帝的一项谕令，自公元5世纪下半叶起，就只允许

---

1　D. 3.1.1.3.

2　D. 3.1.1.5.

3　D. 3.3.54.pr.

4　D. 3.1.1.6; D. 3.1.1.8.

5　D. 3.1.1.6.

6　C. Th. 16.8.24.

**基督徒担任律师：**

> 不允许任何人在您的法庭或其他行省法庭中，或任何法官面前担任律师，除非他已经开始信仰基督教。但是，如果某人出于恶意这样做了，或者有其他类似的行为，而您的下属对此有过错，将被判罚一百磅黄金。这位违反皇帝谕令，胆敢擅自担任律师为他人提供非法服务之人，应罢免他的律师身份，判处罚金，并且永久流放。特此通知所有行省长官，在其执政期间，任何有此类行为的人将被没收一半财产，并处五年流放。[1]

谕令的规定十分严厉，非基督徒担任律师将被罢免律师的身份，不仅需要支付罚金，还将遭致流放。并且，对此有过错的行政官员还将被判处100磅黄金。在此项谕令颁布71年之后，优士丁尼皇帝在公元539年重申了这一规定。[2]

其次，法律还规定需要对律师进行政治审查，即要求律师不得担任其他公职。

起初，法律对担任什夫长的公职人员提供法律辩护给予了适当的空间，这体现在瓦伦斯皇帝、格拉提亚努斯皇帝和瓦伦丁尼安皇帝在公元378年颁布的一则谕令中：

> 对于那些必须为他们的家乡市政府提供公共服务的什夫长们，我们不希望有任何人离开其岗位。然而，我们允许他

---

1　C. 1.4.15; C. 2.6.8.

2　N. 90.

们履行什长职责的同时,在法律事务中发挥辩护律师的职能,但前提条件是他们不得与授予其荣誉的市政相对抗。[1]

换言之,在公元4世纪末期,只要不与其担任公职的市政府公共利益冲突,具备公职身份的什夫长也可以提供法律辩护服务。不过,如果与公职身份发生冲突,可以委托给他人进行代理。乌尔比安就在《意见集》中提到:

> 执政官可以将整个司法工作委托给另一个人,就像他可以就某些人或某个特定案件进行委托一样,特别是当他有充分的理由认为在成为治安法官之前,他曾为其中一方辩护。[2]

但是,后来似乎将利益之间的冲突考量上升为严格的法律规定。阿卡丢斯和奥诺流斯皇帝在公元395年颁布的一则谕令中明确规定"帝国公职人员不得承接辩护案件,也不得作为诉讼保护人参与他人案件的审判"[3]。而且,为了确保这条规定的有效执行,法律还规定了严格的政治背景审查程序:

> 事实上,任何人不得成为一名律师,除非此候选人的出生地行省总督及其下属官员一同在场对其进行审查,并出具一份声明,说明此人并非其下属官员,不受公职身份和条件的约束。本规定适用于行省总督在场的情况,如果他缺席,则应由其所在地的城市保护官出具该声明。[4]

---

1 C. 2.7.2.
2 D. 2.1.17.
3 C. Th. 2.12.6.
4 C. 2.7.11.1.

这一规定也同样适用于法律顾问与律师之间的流动，虽然他们的群体在很大程度上具有重叠性。利奥皇帝在公元460年的一则谕令中提到："我们不允许任何人将担任其法律顾问的人纳入贵大区选作顾问委员会的法定人数为150人的律师之列。"[1]在公元529年，优士丁尼皇帝颁布的一则谕令进一步强调，"在本市（卡尔西登市）内的任何法庭，以及在朕统治下的其他任何省级法庭，那些已经或即将担任辩护律师的人，不得同时接受委托担任地方法官的顾问"[2]。因为皇帝认为，"无论是作为辩护律师出色地处理案件，还是担任司法顾问都已经够了，以免此人在身兼多职时两项职责都没有妥善地履行"[3]。

不过，有时候也只是禁止他们进行利益冲突的法庭活动。乌尔比安就提到，总督可以禁止某些人永久或者在确定期限内担任辩护人："有时某人不是被禁止担任辩护人而是被禁止进行法庭活动。从事法庭活动的禁令比担任辩护人的禁令范围更广，因为这样他就被禁止从事任何法律活动。通常这样的禁令是针对那些研究法律的人或辩护律师，或公证人或办案人员。"[4]

因此，无论出于何种原因而暂时被禁止担任辩护人或任何其他职务的人，在期限届满后，都可以继续履行职责。帕比尼安就提到：

---

1　C. 2.7.11.pr.

2　C. 1.51.14.pr; D. 1.22.5.

3　C. 1.51.14.pr.

4　D. 48.19.9.

提图斯·安东尼努斯皇帝在一则批复中说道，那些被禁止在五年期限内从事律师职业的人，在五年期限过后，允许其为任何他人的利益作出诉请。神圣的哈德良皇帝也在一则批复中说道，一个人可以在流放归来后作出诉请。这对于那些被判禁止从事律师职业和流放刑罚的人来说，没有任何区别。这肯定是为了避免在刑罚的时间到期之后，它又以违反判决的方式被进一步延长。[1]

实际上，从事公职的人也一样：

　　如果任何……律师被阁下指定赋予管理行省的权力和义务，在诚信地履行他的行政职能并且其声誉没有受损的前提下，他应当能够恢复他曾从事并以此为生的职务，他不应当因为任何怨恨而被阻止再次辩护案件。[2]

　　但是，值得注意的是，出于对公正司法的尊重，在后古典时期，同时担任法律顾问与辩护律师被视为一种犯罪。如果有律师被揭露犯有此罪行，将会被从律师名册中除名，并且会被判罚 10 磅黄金。[3]

## 二、律师的执业规范

### （一）律师需要取得执业资质

　　拥有法学教育背景还不够，要想获得律师职业资格，还必须

---

[1] D. 3.1.8.
[2] C. 2.7.9.
[3] C. 1.51.14.3.

进行注册。他们在登记之前需要向法官提交受到过正规法学教育以及通过准入考试的证明,而且在获得允许之后仅可在其所注册的法庭的法官面前进行辩护。[1]与现代的律师注册制度相似,在公元4世纪,符合条件的律师都必须先行注册。只不过,罗马的律师是在法庭而不是在律师行会进行注册,相当于官方对其执业资质的认可。

法庭律师通常采用任命制,由管辖法庭的司法官员(如禁卫军长官、行省总督、城市长官)来选任,这也是他们作为行政司法长官的职责,因为他们有义务保持法庭律师行会的人数。但是,最后由皇帝决定是否批准。

利奥二世皇帝和芝诺皇帝在公元474年进行律师制度推广时颁布给伊利里亚大区禁卫军长官保罗的一则谕令中有所体现:

> 我们命令……律师的人数因退休、死亡或其他任何原因而减少时,应由阁下按照如下的方式选任(合适的律师)以填充该数目。从现在起的两年内,应任命继任者以维持该数目,但不必去调查他们是否属于下级官员,或是否来自低等阶层。然而,他们(此前)任职的行政部门显然可以保留对他们的诉因,(但)即使存在这种诉讼权利,肯定的是,也将在他们完成国库律师职责并退休时灭失。但(从现在起的)两年期届满后,(阁下)申请任命为律师的人,除非有明确公职名录证明他们绝不具备下级官员的身份,否则将不会得到

---

[1] C. 2.7.11,1; C. 2.7.22.4; C. 2.7.24.4.

批准。¹

此外，还有谕令规定行会律师的儿子加入律师行会可以享受免费注册、无须支付任何参选费的优待。²据此可以推断得出，除这些享有特权的候选人以外，其他律师候选人进行法庭注册是需要支付一定费用的，但关于参选费具体的数目，目前尚未发现有确切的史料记载，只是可以推测并不是一笔小数目。

（二）律师的行为规范与道德要求

法律明确了律师的违法行为及相应规制措施，这些规范通常涉及对律师违法行为的处罚。

一是针对律师对当事人的勒索行为，这事实上指的是律师对当事人不合理的收费行为。克劳狄王朝时期的一条谕令规定辩护人所收的费用最多不能超过1万塞斯特提，超过这个数目的就要按勒索罪惩处。³但《狄奥多西法典》中的一则片段没有设置犯罪成立需要达到的数额，转而采取一种更为灵活的标准：

> 有些辩护人通过犯罪勒索协议进行抢劫或剥削那些需要他们帮助的人，他们不考虑当事人的权利，而是考虑当事人的农场、牲畜和奴隶的质量和数量，并要求通过强制协议将这些财产的最好部分转让给他们。我们命令这样的辩护人不

---

1 C.2.7.17.
2 C.2.7.26.
3 参见黄美玲：《律师职业化如何可能——基于古希腊、古罗马历史文本的分析》，载《法学家》2017年第3期，第94页注释46。

得参加光荣的集会，也不得出庭。他们应被排除在光荣的团体和法庭之外。[1]

如果出现律师对当事人进行勒索的情况，律师将被法庭的律师名册除名。这体现了律师在从事法律服务过程中应当受制于"诚信"的道德要求，体现了诚实信用作为基本原则在司法层面的渗透，明确了律师的职能是为了保障当事人的合法利益，而不得通过损害当事人利益来为自己牟取私利。

二是针对律师在法庭中宣读伪造文书的行为，通常是指宣读虚假姓名的行为。[2] 帕比尼安在《解答集》中说：

> 某辩护人，在总督主持审判的法庭中宣读了一个伪造的文书，因而被驱除出地方议员阶层十年，在该期限结束后，他将恢复原来的地位。因为他只宣读了一个伪造的文书而没有捏造这样的文书，所以他没有违反《科尔内利亚法》。根据同样的理由，我认为，当一个平民因为同样的原因被判处了有期限的流放，在其返回后，可以成为地方议会议员。[3]

可见，这种处罚是有区别的，如果律师同时也是议员的话，会被剥夺议员资格十年，如果是平民的话，则会被处以流放的刑罚。但需要注意的是，律师只是在法庭中宣读了伪造的文书，他自己并不是文书的伪造者，因为后者要适用《科尔内利亚法》关

---

[1] C. Th. 2.10.4.

[2] 参见〔古罗马〕优士丁尼：《学说汇纂第48卷：罗马刑事法》，薛军译，中国政法大学出版社2005年版，第175页。

[3] D. 48.10.13.1.

于伪造罪的相关规定。这体现了律师应当具备良好的品行，要以"正义为准绳"，积极为当事人提供法律服务，不得通过伪造文书的方式提供服务。

三是针对律师逃避法律惩罚的行为。优士丁尼《法典》中的一则谕令也对此进行了规定：

> 任何人都不能自欺欺人地以为自己也可以像欺骗以前的相关法律一样逃避现行法律的惩罚。因为如果有人被发现犯了这样的罪，他就应当知晓自己将彻底被从律师名册上除名，并且必须向皇室司库缴纳10镑黄金作为罚金，该项罚金由皇室司库的伯爵来收取；犯人还要面对我们盛怒的皇帝，而纵容这一行为并明知故犯的法官本人也不能幸免于皇帝的怒火。[1]

作为从事法律工作的职业，律师应当以身作则，主动遵守法律的约束。如果律师并未主动遵守法律，他将为这种道德上的不端受到被律师名册除名的惩罚，除此之外，他还要支付罚金并面临其他追责。

四是针对律师与对方当事人共谋的行为。安东尼皇帝在一则谕令中说：

> 如果任何人认为他案件的律师（与另一方）串通，并且能够证实这一指控，那么一定会有针对该律师罪罚适当的判决，同时主案也将重新审理。但如果无法证实双方串通，那么他将被冠以诬告（*calumnia*）之名，除非案件上诉，否则

---

1　C. 1.51.14.3.

主案将维持原判。[1]

因此律师应当以服务当事人为目标，忠于己方当事人，不得与对方当事人共谋[2]损害自己当事人的利益。

五是关于律师擅离职守的行为。优士丁尼皇帝颁布谕令明确规定：

> 任何律师如果连续两年擅离职守或者经允许离职超过五年，将会被彻底地从律师名册中除名，并且他再也不能恢复律师的身份，也不能再协助其他该法庭的律师进行诉讼。[3]

可见，在关于律师的惩罚措施中，将律师从律师名册中除名是最通常的手段，但也有期限限制。在期限届满后，他应当继续履行职责。因此，即使律师是因为伪造罪甚至更严重的罪行被从律师名册中除名，只要不被流放，他都有在名册中被重新恢复的可能性。[4]

律师所受到的这些法律约束，实际也是道德规范的具体规

---

[1] C. 2.7.1.

[2] D. 47.15.3：马切尔的《公诉》第1卷写道："共谋行为有时是公开的，有时是通过实践引入的。1. 如果被告人在一个公共程序中向原告声称他先前曾被另一人指控犯同样的罪行并被判无罪，那么根据《朱利亚法》关于公诉书的规定，在先前的控告者声明这是共谋行为前，本程序都不能继续进行。因此，这种共谋的声明被认为是在公共程序中进行的。2. 但是，如果共谋指控是针对律师的，则该诉讼不是公开的，因此，无论是在公开诉讼中还是在私人诉讼中指控他共谋都没有关系。3. 因此，如果某人被指控放弃公诉，则该程序将不会公开，因为任何法规中均未对此做出任何规定，并且元老院决议未采取公开程序来规定处罚。放弃起诉的人可获得5磅的黄金。"

[3] C. 2.7.29.

[4] D. 50.2.3.1.

定。事实上,这些法律规范产生于法典编纂时期,同时也是发达的古罗马法律体系的一部分。伴随着越来越完备的行为规范与道德规范,无论是代表国家利益的国库律师,还是仅仅代表个人的法庭律师,都成为建设司法公正不可或缺的一部分,在晚期的罗马社会发挥着重要的作用。

### 三、律师的薪酬规范

按照乌尔比安在《论所有法庭参与人》(*Octauo de Omnibus Tribunalibus*)中的记载,直到马克·奥勒流斯和塞维鲁皇帝时期,律师获取薪酬的权利才被皇帝谕令所确认。

#### 1. 律师应当获得薪酬

应注意,不同时期根据当时的物价水平对律师薪酬的限额有所不同。例如,根据乌尔比安的说法,律师能够获得薪酬,但不得超过法定金额 100 个奥里斯(*centum aureos*)[1]。

> 关于律师费用,法官必须以这样一种方式进行:根据案件的性质、律师的技巧以及律师进行辩护的法庭和法庭的习惯来设定费用,但金额不得超过法定费用;因为我们的皇帝和他的神君父亲已经在他们的批复中明确规定:"如果您中意的委托人朱利叶斯·马特努斯(Julius Maternus)已经准备好处理您之前委托给他的案件,您只能索回超过法定限额的

---

[1] 奥里斯(aureus)是古罗马金币的称呼,在公元前 1 世纪到 4 世纪初发行。参见〔英〕R. A. G. 卡森:《罗马帝国货币史》(下册),田圆译,法律出版社 2018 年版,第 599 页。

那部分金额。"[1]

公元 301 年，戴克里先皇帝的一则谕令承认了律师收取薪酬的权利，并对薪酬的数额上限进行了规定，他们最高可以收取 250 迪纳里的起诉费用和 1000 迪纳里的诉讼代理费。[2]

对于国库律师，由于他们承担了公共职责，还能享有国家发放的固定薪酬。公元 505 年的一则谕令明确规定：

> 我们命令，最尊贵者东方大区长官法庭的现任首席（注册）律师应担任国库律师之职，任期两年；并应当获得全体同意支付（给他们）的两年薪酬。[3]

优士丁尼皇帝的一则谕令具体确定了国库律师的薪酬数额：

> 对于具有杰出雄辩才能的国库律师，应当恢复授予他们 60 磅黄金。该款项在已故皇帝芝诺统治时期授予的是法官和那些核实保证金的工作人员，但后来的皇帝过分吝啬，认为最好将该款项取消。现在，基于我们的慷慨与厚爱，最尊贵者（viri clarissimi）国库律师们应当每年如数领取上述款项，并由阁下最高法庭的两位国库律师均分。（即使）他们希望将这笔款项献给他们的首领（皇帝），也应当退回给他们。[4]

而优士丁尼皇帝的另外一则谕令还规定了国库律师薪酬的发

---

1　D. 50.13.1.10.
2　参见黄美玲：《律师职业化如何可能——基于古希腊、古罗马历史文本的分析》，载《法学家》2017 年第 3 期，第 97 页。
3　C. 2.7.22.pr; C. 2.7.24.
4　C. 2.7.25.pr.

放时间，将以前完成辩护之后才能收取薪酬变更为按照固定的时间发放薪酬，即任职过半时的10月1日：

> 600奥里斯是以前模式下的薪水。殿下的国库律师从您法庭的金库中收取薪金，以使他快速且高效地完成他的辩护，但现在不应像以前那样在他很好地完成其工作后，收到薪金的时间通常不确定。相反，当他们完成一半的国库律师任期时，即10月1日，应立即支付款项。[1]

除此之外，律师还能通过国家的奖赏获得收入，这类奖赏也通常数额颇丰。优士丁尼《法典》中的一个片段指出：

> 国库律师在两年后退休后，结合他在职时工作的情况和之前担任行省总督或执政官的级别给予奖励。[2]

其实，这种奖励是针对所有律师而言的。因为这一时期的律师是值得称颂的公职，是人们生活中必不可少的职业，"应该得到帝国的高度嘉奖"。

但是值得特别注意的是，法律明确规定不允许"风险代理"。通常而言，律师可以与当事人约定酬金并收取报酬，但是不能约定从诉讼所获金额中按比例计算酬劳。乌尔比安在其《意见集》中这样说道：

> 答应当事人延期支付费用是正当的，但是，如果约定到时候支付的费用不是因该诉讼产生的合理费用及其合法利

---

[1] C. 2.7.26.4.

[2] C. 2.7.13.pr.

息，而是该诉讼中当事人获得金额的一半，则是不合法的。[1]

### 2. 律师获取的薪酬受到法律的保护

如果已经与律师就报酬达成了一致，或者就诉讼订立了简约，让我们根据案件的情况来看看他是否可以请求支付。实际上，我们的皇帝和他的神君父亲是这样答复的："您向您的客户索要支付酬金的承诺以处理他的案件，是一种不良的习俗。法律规定，在案件未决期间就未来的酬金所达成的协议是无效的。但是，如果律师费用是在案件审理后承诺的，并就可以追回的数额达成了一致，则也可以收取至合理金额，但已支付的款项应予计入。"[2]

法律还明确规定，不允许索回已经支付的律师费用。乌尔比安记载了塞维鲁皇帝时期的一则规定，即"塞维鲁皇帝禁止在辩护人死后向其继承人追回费用，因为没有为案件辩护不是继承人的错"[3]。

此外，律师还有权就薪酬事宜提起法律诉讼以维护自己的合法权益。例如，乌尔比安就提到，马可·奥诺流斯皇帝授予行省总督（praeses provinciae）关于薪酬的审判权（cognitio），扩大了他们的司法权力。

从大量历史文献和法律文本中我们会发现，律师的薪酬尽管

---

[1] D. 2.14.53.
[2] D. 50.13.1.12.
[3] D. 50.13.1.13.

在罗马帝国中晚期合法化了,但官方对其一直持审慎态度。大量的皇帝谕令不断重申对律师获得薪酬数量的限制,不允许其根据标的额比例收取费用,并不厌其烦地设置最高额度。其实当我们理解罗马社会对律师的定位就会明白这种制度设置的逻辑,尽管允许律师获得薪酬,但获得金钱报酬并不是律师职业存在的第一要务。当然,这一方面是受契约类型的限制,律师帮助当事人所获得的薪酬并不是一种价金,因为这种行为本身并不构成任何一种契约类型。从交易层面来看,这并不是一种真正的交易,因此不必遵循等价原则。另一方面,也是更重要的原因在于,在罗马人的观念里,律师最重要的作用是维护罗马市民的权利,维护法律的正义性和神圣性。因此,必须避免这种劳动的商品化,如果律师以追求酬劳为唯一目的,正义就会被金钱所腐蚀。

# 小　结

显然,"律师"在罗马帝国中晚期完成了从法庭演说家到专门法律职业的重要飞跃:专业技能化,薪酬合法化,组织制度化,还获得了高贵的地位和丰厚的特权。最为重要的是,律师与当事人之间形成了真正的代理关系,完成了迈向现代律师职业的关键步骤。

从职业功能上来说,罗马帝国中晚期的律师更多地转向服务于法庭诉讼中当事人的利益,而不再单纯为了个人"荣誉"或者是社会声誉,同时展现出专业上的独特性和职能上的排他性。律师在法庭审判中的代理行为被视作一种受人尊重的公共职能,因为他们是市民权利和社会正义的捍卫者。

其实,在罗马共和时期演说术、修辞术等希腊技术刚传入罗马时,深谙"善良与公正之技艺"的罗马人非常担忧言辞上的技巧与法庭中的诡辩会腐蚀人们的道德并且妨碍正义的实现。但是,法学教育的兴起、法律科学的发展特别是法律职业规范的逐渐形成,让罗马社会慢慢接受了逐渐成长为一门崇高职业的"律师"。在罗马帝国中晚期执业的律师,不仅仅需要掌握娴熟的演说技巧,精通完备的法律知识,同时还要将追求正义视为自己职业的最高目标。他们服务于被自己代理的诉讼当事人并获取报酬,但是同时也服务于法律正义从而获得社会认可。这一时期律师制度的成长对罗马社会的最大贡献在于:维护了罗马市民的权利,保障了市民社会的安宁,并最终使正义理念成为一种生活信仰并在法律实践中不断得以实现。

正如著名罗马法学家舒尔兹所言,"律师现在变成了真正的法律专家"[1]。他们不仅活跃在法庭辩护的舞台上,其中还有不少人经由"法律官僚化"进程被聘为皇帝的法律顾问,甚至成为了真正的立法者。比较有说服力的证据就是,在优士丁尼指定的编纂十人委员会中,有不少人曾经担任过律师。大名鼎鼎的特里波尼安在公元 528 年被提升为行政长官之前,就在东方大区禁卫军长官的法庭上担任辩护人。第一次参加优士丁尼《法典》编纂的十人立法委员会中,有两人是执业律师;而在公元 534 年第二次参加优士丁尼《法典》编纂的五人立法委员会中,除了特里波尼安,有三人是执业律师;在特里波尼安组织的《学说汇纂》十六人编写委员会中,更是有十一人曾经在东方大区担任律师。不知道这是不是我们能在《市民法大全》中找到如此丰富的律师片段的原因,但是至少我们可以确信从中获得的关于律师的信息是准确的。

---

1 Fritz Schulz, *Storia della Giurisprudenza Romana*, sansoni, 1968, p. 483ss.

# 结 语

律师群体是法律职业团体中的核心成员,也是法律的主要传播者和践行者。虽然律师在不同的国家、不同的历史时期形象各异,但是在任何法律秩序中,律师职业的重要作用都不容忽视。莱因斯坦认为:"法的形成与适用是一种艺术,这种法的艺术表现为什么样式,取决于谁是艺术家。"[1]我国当下处于建设中国特色社会主义法治体系和发展中国法治的关键时期,律师职业作为司法实践活动的参与者,承担着法治建设和保障的重要职能。

我们横跨了数个时代的研究,无非是为了辨析律师在何时作为一门独立的职业、以何种形象出现在了法律史里,进而理解律师职业在历史发展的法律影像中究竟扮演了何等重要的角色。因为,没有任何一个其他的法律职业和律师一样,经常被人塑造成贪婪狡诈的好讼形象,常常被人从表面上否定其与严谨的法律科

---

[1] 转引自〔日〕大木雅夫:《比较法》,范愉译,法律出版社1999年版,第264页。

学、神圣的正义目标以及高尚的职业道德之间的联系，但律师又总是作为社会法律工作者站在保障公民辩护权利的第一线。

实际上，作为法律共同体中的重要成员，无论身在何处，律师职业之处境都是彼时法律文化现状的缩影。律师职业的产生与发展，折射出不同的历史时期里诉讼程序、法律职业共同体、社会政治制度的历史特征。古希腊与古罗马，因不同的时代特性、政治基础以及宪政条件等方面的诸多差异，展现出民众和国家公权力对诉讼参与人完全不同的认知与要求。这种差异反而能够帮助我们更加准确地理解：律师职业的形成是一种客观、多元的文化现象，是一种长期、渐进的历史演进过程，它并不依附于某一偶然的历史条件或者抽象的法律想象，也不从属于某一特定的诉讼程序或者具体的话语模式。

在任何历史环境中，一门职业的诞生一定是源于社会变革以及由此产生的分工需求。职业不同于行业，它不仅仅是为了生计，还意味着专业与技能，同时还受到法律或者行业规范的管理和引导。庞德更是指出，对于一份职业而言，谋生是次要目的，其主要目的是公共服务。古希腊和古罗马的实践也告诉我们：律师之所以能在罗马帝国时期作为一门职业兴起和发展，而并不是像在古希腊一样沦落为一种受到蔑视的谋生手段，其根本原因在于，在前一种历史环境中，律师不再是仅仅具有专业知识和辩论技能的嗜利者，而是服务于司法诉讼体系的权利救济者。他们的身份，经由国家和法律对其资格与收入的确认，获得了政治和道德上的双重认可。

古罗马时期的律师团体具有技能性、公益性和组织性,是一门真正的法律职业。他们是善良与公正技艺的一线工作者:在律师职业逐渐形成的千余年里,无论是雄辩的修辞学技艺、论辩的争点论技巧,抑或是庞繁的法律知识体系、复杂的纠纷解决方案,都无不闪现出法律职业人的正义感和智慧;从演说写手、法庭演说家到法律代理、法律顾问,最后到需要取得资格、记录在册才能上岗的"正义卫士",也处处彰显着他们维护法律实质的职业精神。更为重要的是,他们遵守着共同的行为道德规范,尊重法律,忠于客户,完全构建起了现代律师职业的雏形。

律师职业的形成,首先离不开法律技术、司法诉讼、法学教育等关键因素在构建法律秩序时所发挥的巨大作用。任何一种法律职业的形成与法学知识的积累和司法程序的细密化、专业化都是密不可分的。[1]作为一门独立的法律职业,其生成需要一套成熟的司法体系、专业的法庭和司法官员,需要一种独特的知识技能、完善的配套教育体系。法学是否能在知识体系上与其他理论相分离,法学家能否构建独立的教育体系、组织具有自治性的专门活动,特别是拥有独立的价值取向,都是律师职业是否能够形成的关键因素。

同时,律师职业的形成,也离不开国家和社会的认可与尊重。在古罗马,律师是一种荣耀,甚至是一种特权。高贵的头

---

[1] 参见霍宪丹:《法律职业与法律人才培养》,载《法学研究》2003年第4期,第80—89页。

衔、上流的身份、世袭的特权、神圣的角色让这份职业不仅体面，而且尊贵。帝国时期的罗马，将律师当成一种公共服务，甚至是一种公职，还将其推上了司法行政的舞台。在利奥皇帝第一次将律师提升为与保卫祖国的战士一样重要的地位之后，阿那斯塔修斯一世在公元506年更是明确地将律师活动描述为一种公共职能，强调"律师是与人们生活息息相关并且值得称赞的职业，应该用帝国的奖励予以高度补偿"[1]。

事实上，对律师职业起源的研究，只是我们切入理解和比较中西方法律文化差异的一种视角，可以帮助我们分析和思考在当代的司法改革中应该如何建构法律职业团体的问题。

反观中国的法律传统，历来轻视律师这一职业团体，西法东渐之前的历代政府甚至常常通过贬损律师来实现减少诉讼纷争、限制主张权利的目的。[2] 即使在法治文化逐渐深入人心、诉讼需求日益增多的今日，中国律师的职业角色也没有得到准确的定位：律师群体在公众中没有树立职业威信和获得应有的尊重与信赖，公民的权利诉求没有通过律师的职业行为得以充分的实现；律师职业的资格认定和行为操守没有受到严格的规制，职业准入与团体自治无法满

---

[1] C. 2.7.23.

[2] 参见梁治平：《法意与人情》，中国法制出版社2004年版，第271页及以后；邓建鹏：《清代讼师的官方规制》，载《法商研究》2005年第3期，第137—142页；潘宇：《清代州县审判中对讼师的禁制及原因分析》，载《法制与社会发展》2009年第2期，第90—100页；李栋：《讼师在明清时期的评价及解析》，载《中国法学》2013年第2期，第115—127页；尤陈俊：《清代讼师贪利形象的多重建构》，载《法学研究》2015年第5期，第177—193页。

足司法实践对职业素养的需求；律师职业的报酬没有形成合理的机制，律师群体的历史使命感与社会责任感并没有被完全激发，公平公正的最大化时常会因为律师个人对利益的追求而无法实现。

律师是维护法律辩护权利的一线战士。律师首先自己要体认到这份职业的高贵，并且时刻牢记为此项技艺的传承和发展而奋斗的职业使命。律师职业隐含的根本之恶，在于技艺性的逃脱。律师应该保持独立思考的头脑，以免成为毫无思想的法律输出机器。没有任何职业会比律师对独立判断、逻辑思辨以及语言表达提出更高的要求，但是，学徒律师却很容易陷入这种危险中。实际上，那种将责任完全推给成文的法律，仅仅机械地适用法律程序和实体规定的人，不配此等称号，他们最多是司法机器中毫无感情的固定齿轮。站在司法实践的第一线，律师常常能更加敏锐地察觉到法律漏洞，这是理论法学家难以做到的。所有民族、所有时代都为我们展现了律师职业这种极富生产力的使命，所以律师应该追求的是一种真正的而不是表面上的正义。

律师是实现社会法治和民主权利的重要基石。无论是决策者还是公众，都要尊重这门正义的职业。律师是社会的医生，是民众的教师，他们"耕耘正义，传播善良和公正的知识，区分公正与不公正，辨别合法与非法……"[1]法律来源于人类的生活，却又以保障公正和幸福生活为目的。他们忠于客户的权利，同时也阻止和预防纠纷，确保争议的解决符合个人自由与民主法治的需

---

1 D.1.1.1.1.

求。律师帮助人们理解法律事务中所揭示的"理性"与"正义",人们也应当像尊重信仰一样尊重法律和律师。

律师是一种独立的法律职业,但同时也肩负着维持正义的光荣使命。"律师为任何人服务,但绝不向任何人出卖自己",这是最基本的职业原则。忠实于正义,永远不从事任何损害自己名誉和行业声誉的事情,是获得公众尊重和行业信心的关键。作为一名律师,不仅要适用正确的法律,还要像古罗马的律师一样去寻找法律,实现最终正义。法条尽头才是律师职业的开始。

最后,请允许我以一则公元 5 世纪的古老片段作为本书的结束语:

> 律师,解决诉讼中的疑难问题,并且通过他们在公共或私人事务中的辩护帮助处于诉讼中的人,使被击倒的人重新振奋,就像那些在战斗中保卫他们的祖国、守护他们的父母的人一样帮助所有人。在我们的帝国,我们认为士兵不仅仅是那些手持剑盾或者乘坐战车的人,还有那些律师,他们用动听的嗓音作战,守卫着那些处于焦虑之中的人的希望、生活和未来。[1]

这是一则收录在优士丁尼《法典》中的谕令,虽然其中并不包含具体的法律规范,而且字里行间更像是一篇洋溢着赞美之情的颂词,但是充分体现了国家治理者至少是法典编纂者对律师职业的认可。它既是对律师职业的最高褒奖,也是对律师职业起源史的最终总结。

---

1　C. 2.7.14.

THE ORIGINS
OF THE
*ADVOCATUS*

# 附 录

## 附录一 安提丰演说词:《控告继母投毒》[1]
(Prosecution of the Stepmother for Poisoning)

安提丰是一位"演说写手",长于为谋杀案撰写演说词。《控告继母投毒》是一篇针对谋杀案的演说词,也是唯一保留下来的安提丰为控方提供的演说词。在该案中,委托人是一位雅典的年轻人,他在父亲去世多年以后,提起诉讼指控继母杀害了他的父亲。安提丰在其演说词中试图指控,委托人的继母通过说服他父亲挚友(菲洛尼奥斯)的情妇,向他父亲投毒并致其死亡。由于距案发时间已经过去很久,且缺乏直接证据,安提丰在该演说词中运用了假定事实与反向推理的演说技巧,并且充分运用了演说的"情感说服"功能,以弥补直接证据的不足。

---

[1] K. J. Maidment trans., *Minor Attic Orators (Vol.1) Antiphon Andocides*, Harvard University Press and Willam Heinemann Ltd., 1960, pp.15-31.

[Antiphon 1.1] 先生们，我不仅太年轻以至于对法律一无所知，我还面临着可怕的困境。一方面，我不能无视我父亲的郑重嘱咐，将（杀害他的）凶手绳之以法。另一方面，如果我要这么做，我将不可避免地控告我最不可能控告之人——我同父异母的兄弟们和他们的母亲。[Antiphon 1.2] 被告只能责怪由于他们自己的所作所为，迫使我必须控告他们。本该期望他们为死去的父亲报仇，并协助（我）提出控告；但事实却恰恰相反，如我起诉书所述，他们（竟然）就是我所控告之人，他们就是凶手。

[Antiphon 1.3] 先生们，我有一个请求。如果我证明了所控告之人的母亲有预谋地杀害了我们的父亲，并且不止一次，而是反复多次地策划夺走我们父亲的性命，[1]（恳请你们将她治罪）。因为，（这样做）首先是惩罚他们违反了从诸神和先祖那里继承下来的法律——使你们能像诸神和先祖那样判决有罪之人的法律；其次是为了告慰我死去的父亲，同时也是向我这个无助的孤儿施以援手。[Antiphon 1.4] 因为你们是我的亲人，是本应为死去的父亲报仇、支持我起诉的人，却（恰恰）是杀害我父亲的人，是我所控告之人。除了你们和正义之神，我还可以向谁寻求帮助，在哪里寻求庇护？

[Antiphon 1.5] 我实在难以想象我的兄弟站在我的对立面时作何感想。他难道认为他作为儿子仅仅需要对其母亲忠诚？在我看来，放弃为死去的父亲报仇是更大的罪过；尤其是当父亲作为

---

1 此处是夸张的修辞，事实并非如其所述。——英译者注

阴谋的受害者被迫遭受厄运，并且继母是故意为之时。[Antiphon 1.6] 此外，我的兄弟也不能完全肯定他的母亲没有杀害我们的父亲；因为，当他有机会通过严刑拷问（奴隶）来确定真相时，他却拒绝这么做；他只愿意采用那些无法确定真相的讯问方式。然而，他本应该已经准备好做我实际上要求他做的事情，如此才可能查清事实的真相；[Antiphon 1.7] 因为这样一来，如果奴隶们拒不认罪，他便可以就确定的事实对我提起强有力的反驳，并且他的母亲也可以彻底摆脱目前对她的指控。但是，他拒绝了严刑拷问，他怎么可能了解他不愿意查明的事实真相呢？（那么，陪审团的先生们，他连真相都不知道，怎么能确定事实呢？）

[Antiphon 1.8] 他将会如何反驳我呢？他很清楚，一旦拷问奴隶，他的母亲将被定罪；（因此，）他认为能否保住他母亲的性命取决于是否能够阻止拷问，因为他和他的同伴们都认为，这样一来，真相将无从得知。那么，如果他拒绝我提出的通过拷问进行完全公正的调查的建议后，还声称他了解全部的案件事实，他怎么能够忠于作为被告所宣告的誓言呢？[1] [Antiphon 1.9] 首先，我已经准备好拷问被告的奴隶，因为他们知道这个女人，也就是被告的母亲，在此前也曾策划毒杀我们的父亲，（但是）被我们的父亲当场发现，并且她也承认了一切，但她声称她不是为了杀害他，而是为挽回他的爱才给他下媚药。[Antiphon 1.10] 然后，基

---

1 此处表述不严谨。在谋杀案中，双方所做的誓言一般是称作"διωμοσία"，而绝不是此处的"ἀντωμοσία"。——英译者注

于奴隶提供的证据，我建议在我对这个女人提出书面控告后，对奴隶进行拷问以确定他们所称事实的真实性；并且我告知被告在我面前由他们亲自拷问，这样奴隶们就不会被迫回答我提出的问题。我对使用书面问题毫无异议，因为这本身就有利于证明我对杀害我父亲的凶手（的奴隶）所进行的拷问是诚实且公正的。如果奴隶否认事实或做出了前后矛盾的陈述，我认为严刑拷问能够迫使他们说出指控所要查证的事实——因为严刑拷问甚至能够使意图撒谎的人只能就事实真相进行指控。

[Antiphon 1.11] 不过，我确信，当被告知道我打算控告谋杀我父亲的凶手时，他们找到我并且直接将他们的奴隶交出来（进行拷问），但却遭到（我的）拒绝，那么他们会将我的拒绝用作证明他们清白最有力的证据。但事实上，我才是第一个主动要求亲自进行审讯的人，然后才请求被告亲自替我进行审讯。很显然，唯一合乎逻辑的是，我的提议和他们的拒绝应当能够做出对我有利的推定，即他们犯有谋杀罪。[Antiphon 1.12] 如果他们愿意交出奴隶进行审问，但我却拒绝了，那么我的拒绝将会产生对他们有利的推定。但是，如果我要求进行拷问，他们却拒绝让我这样做时，则会产生对我有利的推定。事实上，让我惊讶的是，他们在拒绝交出奴隶进行拷问来自证清白之后，还试图说服你们不要判他们有罪。

[Antiphon 1.13] 那么，在奴隶的问题上，很明显，被告急于掩盖事情的真相。他们知道他们的罪恶即将被揭发，因此他们想

把这件事封存起来，逃避调查。先生们，我确信你们不会助纣为虐，你们会让真相水落石出。不过够了，现在，我将尽可能地向你们做出真实的事实陈述。愿正义能指引我！

[Antiphon 1.14] 菲洛尼奥斯（Philoneos）是我父亲非常敬重的一位朋友，他在造访雅典期间住在我们家的阁楼上。菲洛尼奥斯有一位情妇，他打算将她打发到妓院里。我兄弟的母亲与她交了朋友；[Antiphon 1.15] 并在听说菲洛尼奥斯如此过分地对待她后，便派人去找她，在到达的时候，我兄弟的母亲告诉她自己也受到了我们父亲的虐待。我兄弟的母亲与该情妇说，如果对方按照她说的去做，她有办法让其重获菲洛尼奥斯的爱，她也将重新获得我父亲的爱。她来策划行动计划；对方的任务是负责执行此计划。[Antiphon 1.16] 我兄弟的母亲问对方是否准备好依指示行事，我想，她应该得到了肯定的回复。

不久以后，菲洛尼奥斯碰巧要参加在比雷埃夫斯（Peiraeus）举办的纪念宙斯·克提修斯（Zeus Ctesius）的祭奠仪式，而我的父亲正准备前往纳克索斯。所以，菲洛尼奥斯想出了一个好主意，他在旅行途中先来看望我的父亲再前往比雷埃夫斯，这样既能参加祭奠仪式，又能与好友相聚。[Antiphon 1.17] 菲洛尼奥斯的情妇陪同他参加祭奠仪式。在到达比雷埃夫斯后，菲洛尼奥参加了仪式。在祭奠结束后，情妇开始计划如何施药：她应该在饭前还是饭后施药？她稍加思索，决定在饭后施药更好，随后便按照克吕泰涅斯特拉[1]的建议去做了。[Antiphon 1.18] 讲述晚饭的细节将耗费很长的时间，所以我尽量简单地向你们描述，然后谈谈关于施药的问题。

晚饭过后，两人自然而然地开始倒酒，并点燃乳香以博得上天的庇佑。他们中一人在祭奠宙斯和款待他的客人，另一位则是在出海前夕与好友共进晚餐。[Antiphon 1.19] 菲洛尼奥斯的情妇负责为他们斟酒，在他们祈祷的时候——绅士们，祷告是永远不会得到回应的——倒进了毒药。此时，她萌生了一个幸福的想法，给菲洛尼奥斯倒了更多的药；她想象着，如果她给他倒更多的药，菲洛尼奥斯会更爱她——直到实施完罪行后，她才发现我的继母欺骗了她，我的继母只给我父亲倒了很小分量的药。[Antiphon 1.20] 于是她把酒倒出来，菲洛尼奥斯和我的父亲端起致命的毒药，饮下了他们生前的最后一杯酒。菲洛尼奥斯立刻暴毙身亡；而我们的父亲也病了，并在二十天后去世了。在问罪时，这个实施了犯罪行为的从犯（即菲洛尼奥斯的情妇）得到了应有的惩罚，尽管她并没有犯意：她被交给行刑员处以车裂刑。如果你们与神明都同意，那么那个有此犯意的女人，那个策划了这次毒杀的女人，也应受到应有的惩罚。[2]

[Antiphon 1.21] 现在，将我的诉求与我兄弟的进行比较，更能

---

1 这个名字的隐喻用法，参见 Andoc. Myst. §129。——英译者注
2 "αἰτία" 一词在这里的含义是"最终承担责任"，而不是"有罪"。"παλλακή"在一定程度上蕴含有罪之意，演说词通过使用该词含蓄地承认了她应受惩罚。——英译者注

突显我的诉求之正当性。我一直请求你们为枉死之人（即我们的父亲）报仇，但我的兄弟却不会为死者（也是他们的父亲）提出这样的请求，虽然我的父亲应当得到你们的怜悯、帮助，他的生命被最不应该杀害他的人以如此不虔诚和悲惨的方式夺走了。[Antiphon 1.22] 相反，我的兄弟会为那个女杀人犯辩护；他会提出一个非法的、罪恶的、不可能的请求，这是神明和你们都不会同意的。他会要求你们不要惩罚一个无法克制自己罪行的女人。但是，你们不是来这里支持杀人犯的——你们来到这里是为了支持被蓄意谋杀的受害者，而且是被本最不应犯下此罪行的人杀害的。因此，现在就交由你们来做出正确的判决了，让我来见证你们这样做。

[Antiphon 1.23] 我的兄弟会以他母亲的名义向你们求情，尽管她毫不犹豫地杀害了丈夫却仍苟活着；他妄想着如果胜诉了，他的母亲将不必为她的罪行付出代价。同时，我以我已故父亲之名请求这个女人为她的所有罪责负责。你们自己就是法官，应当对不法之徒的非法行为做出判决。[Antiphon 1.24] 我起诉是为了确保她为自己的罪行付出代价，并为我的父亲报仇，捍卫法律的权威。如果我说的都是真的，那就请你们都支持我吧。我的兄弟，相反地，在为这个女人辩护，为了让一个有罪之人逃脱法律的惩罚。[Antiphon 1.25] 然而，怎么做更公正？让故意杀人者得到惩罚，还是让她逃脱罪行？谁更值得同情？被害人还是杀人犯？在我看来，应该是被害人：因为同情他，在神明和世人眼中都显得更公正、正义。所以，我再次请求，正如这个女人毫无同

情和怜悯之心地杀死她的丈夫一样,她自己也应当被你们和正义之神处死。[Antiphon 1.26] 因为她是故意杀害我父亲的凶手,而我的父亲却不情愿地死于非命。我再强调一遍,先生们,他死于非命。他正准备从这个国家启航,当时正与朋友享用晚餐;就在这时,她(继母)递来了毒药,并吩咐(菲洛尼奥斯的情妇)向他下毒,谋杀了我们的父亲。那么,一个(不但)拒绝怜悯自己的丈夫,反而毫无敬意地、可耻地杀死其丈夫的女人,应该得到你或其他任何人的什么怜悯?还有什么可体谅的呢?[Antiphon 1.27] 惨遭横祸之人才值得同情,而非故意谋划犯罪之人和作恶者。就像这个女人将其丈夫杀死,对神明、英雄和世人都毫无敬畏之心一样,她应当被你们和正义之神处死,而不必有任何体谅、同情和尊重,这是她应得的报应。

[Antiphon 1.28] 我对我弟兄所表现出来的厚颜无耻(之行为)感到震惊。他竟然在为他母亲辩护时,信誓旦旦地说她是无辜的!没有目睹的事情,怎么能够确定呢?我相信,那些策划杀害他们邻居的人,不会在目击证人面前制定计划并准备实施;他们会尽可能秘密地行事,任何人都不会知道;[Antiphon 1.29] 而受害者,直到被害之时,直到厄运降临他们身上的时候,才恍然大悟。如果他们在弥留之际有时间并且有能力,他们会召集朋友与亲人,让他们作证,告知他们凶手是何人,并嘱咐他们为他报仇雪恨;[Antiphon 1.30] 就如我父亲在弥留之际嘱咐我那样,当时的我尚且年幼。如果不能这么做,他们(受害者们)会写下书面

声明，召集他们的奴隶作证，向他们揭发凶手是何人。我的父亲（选择）告诉了我，并且嘱咐我（这样做）。先生们，是嘱咐我，而不是他的奴隶，尽管我当时还很年幼。

[Antiphon 1.31] 我的主张已经陈述完毕，我站在死者和法律这一侧。接下来取决于你们，由你们权衡本案并作出公正的判决。我想，冥界的诸神也会眷顾枉死之人。[1]

---

[1] 意味着，除非为死者伸张正义，否则诅咒将降临生者。参见 Tetral. Gen. Introd. pp. 38-39。——英译者注

## 附录二 吕西阿斯演说词:《论尼西阿斯兄弟的财产》结语[1]

(On The Property Of The Brother Of Nicias: Peroration)

吕西阿斯是古希腊雅典著名客籍演说家。该演说词是吕西阿斯为自己及其兄长、亲属争取公民权利及财产所著。文中,吕西阿斯利用家族对民主制度的忠诚以及民主政治对家族财产的剥削所形成的鲜明反差表达不满,力求为自己家族争取本应当属于他们的财产。本篇节选自演说词结语部分,该部分充分体现了吕西阿斯善用"情感演说"的辩护技巧以及朴素的语言风格进行演说的特点。

---

1 W. R. M. Lamb trans., *Lysias*, Harvard University Press and William Heinemann Ltd., 1967, pp. 401-413.

[Lysias 18.1] 现在，陪审团阁下们，当我们主张你们应当对我们所遭受的错误（审判）表示同情并授予我们权利时，你们必须反思我们作为公民所具备的品格，以及我们所属的家庭。因为我们不仅在争夺我们的财产，也在争夺我们的公民身份：我们必须知道自己能否参与城邦民主（事务）。首先，请允许我提醒各位，我的叔叔尼西阿斯（Nicias）：[Lysias 18.2] 他为国家带来的利益随处可见，他根据自己的判断为各位谋求共同福祉的同时，给敌人造成了严重伤害；但是，在他被迫做的事情中，他本人没有受到任何伤害，而这些事情也并非他所愿，而是违背了他的意愿。公平地说，这场灾难的责任应该由那些说服你们的人承担，[1] [Lysias 18.3] 你们的胜利以及敌人的溃败彰显了他的功绩，显示了他对你们的忠诚。作为你们的将领，他占领了许多城池，这些都是他击溃敌军所获得的战利品；单独提及这些倒是显得乏味。[Lysias 18.4] 上次海战[2] 刚刚发生后，他的兄弟，我的父亲欧克拉底斯（Eucrates）也展现了他对你们民主（制度）的忠诚。我们在海战中失败后，他被你们选为将军，尽管密谋反对人民的人邀请他参加寡头政治，但他拒绝了他们的提议。[Lysias 18.5]（然而）他陷入了这样一种危机[3]，即大多数公民不仅根据情况见风使舵，还会屈服于变幻莫测的命运。（尽管）民主制度面临失败，

---

1 此处所提及的是公元前 415 年的西西里远征，对此，尼西阿斯曾表示反对。See Thuc. 6.8ff.
2 该海战为伊哥斯波塔米战役，发生于公元前 405 年。
3 该危机为"三十僭主"的寡头政治改革，发生于公元前 404 年。

但他既没有放弃进入从事公共事务（的行列），也没有与那些将要成为统治者的人产生任何冲突。尽管他本可以成为"三十僭主"的一员，并拥有与其他人同等的权力，但他宁愿为（保卫）你们的安全而牺牲，也不愿忍受拆毁城墙的屈辱，或是向敌人投降上交船只然后奴役你们的人民。[Lysias 18.6] 在那之后不久，我的堂兄，尼西阿斯的儿子尼塞拉都（Niceratus），也是你们民主（制度）的忠实支持者，被"三十僭主"逮捕并处死：（尽管）他的出身、经济状况以及年龄都不得作为他被禁止进入政府（从事行政事务）资格的理由，但是"三十僭主"认为，由于尼塞拉都自己以及他的祖先都对你们的民主制度具有极高的赞誉，他不可能热衷于建立一个不同的政府。[Lysias 18.7] 因为"三十僭主"都意识到了整个家族在城邦中所享有的荣誉，以及尼塞拉都和他的祖先是如何在许多地方代替你们面对危险，如何为你们的资金（筹备）做出重大贡献，并且高尚地履行了他们的公共服务；他们从来没有逃避过国家赋予他们的任何其他职责，而是热切地履行了所有职责。[Lysias 18.8] 我问你们，如果在寡头政治下，我们因对人民忠诚而被处死，在民主（制度）下，我们又因对人民不忠而被剥夺财产，那么谁还会比我们更加不幸？[Lysias 18.9] 此外，阁下们，丢格那妥（Diognetus）因遭受告密者诽谤而被流放，但他是为数不多既不向城邦发动进攻，又不前往德凯莱亚[1]的流放者之一；他没有在流亡期间或回国后对你们的人民造成任何

---

1 德凯莱亚，即斯巴达人控制阿提卡的地方，这里欢迎从雅典来的流放者。

伤害，而是坚守原则至此，即对冒犯你们的人感到愤恨，却没有对召回他的掌管权力的人表示感激。[Lysias 18.10] 他没有在寡头统治下担任任何职务：但是，当斯巴达人（Lacedaemonians）和保萨尼亚斯（Pausanias）到达希腊时，他带着年幼的尼塞拉都的儿子和我们（前去），将其放在保萨尼亚斯的腿上，让我们坐在他旁边，告诉后者和其他在场的人我们所遭遇的苦难和命运，呼吁其看在友好关系以及热情款待的面子上帮助我们，向那些欺压我们的人复仇。[Lysias 18.11] 最终，保萨尼亚斯开始支持人民，把我们的苦难当作"三十僭主"罪行的典例来向斯巴达人宣讲。因为曾经来过这里的伯罗奔尼撒人都知道被处以死刑的是那些因出身、财富和美德获得荣誉的人，而不是公民中最邪恶的人。[Lysias 18.12] 由于保萨尼亚斯对我们的怜悯之情如此之深，对我们所遭受痛苦的印象如此之深，以至于他拒绝了"三十僭主"的盛情邀约[1]，而接受了我们的邀请。陪审团的阁下们，（我们）被前来帮助寡头政治的敌人当成孩童一样怜悯，并且我们的父辈已为城邦民主牺牲，而我们在已经证明了自己的身份后仍被剥夺财产，这多么荒诞！

[Lysias 18.13] 阁下们，我很清楚，珀里奥库斯（Poliochus）非常重视他在这次审判中的成功，因为他认为这是在公民和异邦人面前的一次很好的证明，就像他在雅典有足够的权力，能够让你们在宣誓履行职责的问题上自相矛盾地投票。[Lysias 18.14] 因

---

[1] "三十僭主"赠送了礼物以示友好的欢迎。

为每个人都会知道，以前你们对提议没收我们土地的人处以 1000 德拉克马的罚款，而今天他却成功地要求没收土地；在这两个诉讼中，同一人被非法起诉，但雅典人的投票却自相矛盾。[Lysias 18.15] 在确认与斯巴达人的契约后，你们如此轻率地否定自己所投出的票，使你们与他们的契约生效，却使你们与自己所作的契约失效，这难道不是可耻的吗？你们对任何其他比你们更看重斯巴达人的希腊人感到愤怒；你们会对他们比对自己表现得更忠诚吗？[Lysias 18.16] 但最令人愤慨的是，如今公众生活中人们的性格就是这样，演说家们不会提出对城邦最有利的建议，而是提出那些"你们的投票必须给他们带来利益"的建议。[1] [Lysias 18.17] 现在，如果为了你们人民的利益，有些人保留了自己的财产，而另一些人不得不遭受不公正的征收，那么你们有理由忽视我们的观点；但实际上，你们必须承认，（判决的）一致对一个城邦最为有利，而内讧是所有邪恶的根源；彼此争端的发生主要是由于一些人对不属于他们的东西的渴望，以及其他人对他们所拥有的东西的排斥。这是你们回归后不久得出的结论，你们的观点也是合理的；[Lysias 18.18] 因为你们仍然记得发生的灾难，祈祷众神让这座城邦恢复（判决的）一致，而不是允许对过度报复的追求，从而导致这座城邦的内讧以及演说家的迅速暴富。[Lysias 18.19] 然而，你们回归后不久就表现出被燃起的愤怒，要比留守者追求的过度报复更容易被原谅，这些人通过非议同伴向你们展

---

1 法律将没收财产的 3/4 判给提起没收诉讼的人。参见下文 Lysias 18.20。

现他们的忠诚，却并没有与你们共担风险，但现在也得到了城邦的利益。

[Lysias 18.20] 阁下们，如果你们看到他们为国家安全而没收（他人）财产，那么我们应当原谅他们；但正如你们所知，事实却是其中一些财产正被他们侵吞，而其余的财产尽管价值巨大，也正被他们廉价出售。如果你们接受我的建议，你们从中获得的利润不会比我们这些所有者少。[Lysias 18.21] 因为此时此刻，戴奥姆尼斯都斯（Diomnestus）、我的兄弟和我，我们三人正在武装军舰，当国家需要资金时，我们将利用这些财产筹集一笔特殊的捐款。从这时起，我们就有了与我们祖先所表现的同样的思维方式，请宽恕我们吧。[Lysias 18.22] 否则，阁下们，我们将无法摆脱最悲惨的困境：在被"三十僭主"抛弃后，我们的财产在民主制度下被剥夺——就像命运告知我们的那样，我们应当去保萨尼亚斯那里救助人民！有了这种记录，我们会选择什么样的法官寻求庇护呢？[Lysias 18.23] 我们的父亲和我们的亲属都为之献出了生命，而那些支持谕令的人肯定也是这样。因此，今天，这是我们因我们所做的一切向你们要求的唯一回报——你们不要让我们沦为贫困阶层或者缺乏基本必需品，不要破坏我们祖先创造的繁荣，但更确切地说，请给那些希望为国家服务的人一个典范，让他们在危急时刻能够获得你们的善待。

[Lysias 18.24] 阁下们，我没有可以站在这里为我辩护的人，因为我的亲属，在证明他们在为城邦做出伟大英勇之后，已经在

战争中丧生；而其他人为了捍卫民主和你们的自由，已经喝下了"三十僭主"的毒药。[Lysias 18.25] 因此，我们之所以孤立，是因为我们亲属的功绩和国家的灾难。考虑到这些，你们应该帮助我们，判决那些在寡头政治下承受灾难的，在民主制度之下成为你们恩惠合法的接受者。[Lysias 18.26] 我还呼吁各位委员善待我们：请记住，当你们被驱逐出祖国并被剥夺财产时，你们非常尊敬为你们献出生命的人，你们向诸神祈祷，希望你们能够对他们的孩子表示感谢。[Lysias 18.27] 因此，作为以自由为目标直面危险的先辈的儿子、家人们，我们请求你们富有感激的回报，并呼吁你们不要不公正地毁灭我们，而是帮助那些共同经历灾难的人。现在，我祈求并哀求你们同意我们的要求，因为这并非一件无关紧要的事情，而是我们拥有的一切。

## 附录三 德摩斯提尼演说词：《反卡利普斯》[1]
(Apollodorus Against Callipus)

德摩斯提尼是古希腊著名的演说家和民主政治家，因极力反对马其顿入侵希腊，并发表谴责马其顿国王腓力二世的著名演说词而留名青史。德摩斯提尼著作颇丰，现有六十一篇演说词留存于世。《反卡利普斯》是德摩斯提尼的经典传世之作。在该案中，德摩斯提尼的委托人为已故父亲伸张冤屈，控告赫拉克里特人的外国代理人卡利普斯，理由是后者诬告其身为银行家的父亲存在渎职行为。德摩斯提尼在演说词中，以最直接的方式大量运用书面证词及证人证言增强演说词的证明力，同时还引用品格证据从侧面提升其演说词的说服力，充分体现了他的修辞学技巧。

---

[1] 英文译本参见 Demosthenes, *Demosthenes Private Orations in Four Volumes*(Ⅲ), translated by A. T. Murray. Harvard University Press & Willian Heinemann Ltd, 1939, pp. 74-95.

[Demosthenes 52.1] 尊敬的陪审员们，最难以处理的情况莫过于，一个既有名望又有号召力的人不仅敢于说谎，并且能够提供足够的证人。因为一旦如此，被告就不仅仅要陈述案件事实，还需要论及发言人的品质，以此说明不能仅因其名望而相信他。[Demosthenes 52.2] 如果你们想要制定"那些能说会道、享有声誉的人比能力较弱的人更值得相信"的规则，这将不利于你们自己。因此，但凡你们曾根据案件本身的是非曲直来判案，不偏袒无论是原告还是被告的任何一方，而只考虑（是否）正义，我恳请你们仅根据这些原则来裁决当前的案件。我将从头向你们陈述案件事实。

[Demosthenes 52.3] 尊敬的陪审员们，原告本人所提到的赫拉克里特人（Heracleote）莱康（Lycon），与其他商人一样是我父亲银行的一名客户，也是德西利亚人（Decelea）阿里斯托诺斯（Aristonoüs）和兰普特雷人（Lamptrae）阿基比亚德斯（Archebiades）的客座朋友，（他）行事十分审慎。莱康在启航前往利比亚之前，在阿基比亚德斯和普拉西亚斯（Phrasias）的见证下清算他的账目，要求我父亲将他的剩余存款（正如我向你们清楚展示的那样，一共是十六迈纳又四十德拉克马）支付给切菲西亚德斯（Cephisiades），声称此人是他的合伙人。切菲西亚德斯是一位西罗斯（Scyros）居民，只是当时在国外经营一家企业。[Demosthenes 52.4] 莱康告诉阿基比亚德斯和普拉西亚斯在切菲西亚德斯航行归来后与他见面，并要求他们向我父亲引荐切菲西

雅德斯。所有银行家通常在某人存钱并要求将钱款支付给指定人时，首先会注明存款人的姓名和存款金额，然后在旁边备注"支付给某某"，这是他们约定俗成的规则。如果银行家们认识收款人，那么只需要注明收款人是谁；但如果他们不认识收款人，就需要在旁边写下引荐人和收款人的姓名。[Demosthenes 52.5] 不幸的是，厄运降临。启程伊始，莱康就在阿尔勾利克湾（Argolic）附近被海盗俘虏，货物被劫去阿尔戈斯（Argos），而他自己也中箭身亡。在这一不幸发生后，卡利普斯（Callippus）立刻来到银行，询问银行是否知道赫拉克里特人莱康。在场的弗尔米奥（Phormion）作出了肯定的回答。

卡利普斯："他是你们的客户吗？"

弗尔米奥："是的。但您为什么这么问？"

卡利普斯："为什么？我告诉你，他死了。而一旦他死亡，我就是这位赫拉克里特人的外国代理人（proxenos）[1]。因此，我要求你们出示账簿，这样我才能知道他是否留下了财产；因为我必须为所有赫拉克里特人的事务负责。"

[Demosthenes 52.6] 尊敬的陪审员们，弗尔米奥在听到这些话后，便立刻向卡利普斯出示了账簿，卡利普斯（确实是卡利普斯

---

1 Proxeny：雅典人通过法令赋予外国人的特权，获得该特权的外国人被称为"proxenos"（外国代理人）。外国人如果成为雅典的外国代理人，就有义务在雅典人访问他的城市时提供帮助。其他城邦也可能将这种特权给予某个雅典人，以期他会在这个城邦的公民造访雅典时提供帮助。参见〔丹麦〕摩根斯·赫尔曼·汉森：《德摩斯梯尼时代的雅典民主》，何世建、欧阳旭东译，华东师范大学出版社 2014 年版。

本人而不是任何其他人）查阅了账簿，并在其中看到了这样的条款："莱康，赫拉克里特人，存款一千六百四十德拉克马，将支付给切菲西亚德斯，并由兰普特雷人阿基比亚德斯确认收款人身份。"然后，他就沉默地离开了，此后五个多月都没有提及此事。[Demosthenes 52.7] 切菲西亚德斯回到雅典后就前往银行索要该钱款，阿基比亚德斯和普拉西亚斯也在场。尊敬的陪审员们，他们是莱康向我父亲引荐的证人，有义务在切菲西亚德斯回来以后，在另一证人也在场的情况下，确认切菲西亚德斯的身份。此刻也在庭上的弗尔米奥向切菲西亚德斯支付了十六迈纳又四十德拉克马。

为了证明我所言句句属实，法庭书记员会向你们宣读记载了所有事实的书面证词。

**书面证词**

[Demosthenes 52.8] 尊敬的陪审员们，如书面证词所示，我所言句句属实。然而，在切菲西亚德斯完成兑付很长一段时间之后，原告卡利普斯才在城邦内找到我父亲并且质问他，赫拉克里特人莱康的存款兑付人切菲西亚德斯是否已经回到雅典。我父亲回答，他猜想是的，但是卡利普斯也可以亲自前往比雷埃夫斯（Peiraeus）寻找真相。卡利普斯对我父亲说："帕西翁（Pasion），你知道我在问你什么吗？"——[Demosthenes 52.9]（尊敬的陪审员们，我以宙斯、阿波罗和德墨忒耳之名发誓，我绝不会做半点虚假的陈述，只是向你们复述我从我父亲那儿所听到的事实）——"我给过你机会了，"卡利普斯继续道，"（你）应当支持我，

（这样）不会伤害你自己。你应当把钱款交给我这个赫拉克里特人的外国代理人，而不是交给一个毫无半点关系的西罗斯人。事实如你所见，莱康膝下无子；（而且）据我所知，他的家族中也不存在继承人。[Demosthenes 52.10] 不仅如此，当莱康负伤被带往阿尔戈斯时，他把随身携带的财产交给了赫拉克里特人的阿尔吉夫（Argire）外国代理人斯拉莫努斯（Strammenus）。因此，我认为拥有同等身份的我，应当获得莱康在这里的存款。所以，如果切菲西亚德斯没有主张兑付存款，一旦他来到这里，你应当告诉他，我会对他的兑付主张提出异议；如果他兑付了存款，那么你要告诉他，我会协同证人到场，并且要求他要么交钱，要么供出收款方；如果有任何人想要欺骗我，那么就让他知道，他是在欺骗一名外国代理人。"[Demosthenes 52.11] 在卡利普斯说完这番话之后，我父亲回答道："卡利普斯，我也想要帮你的忙（如果我不帮忙，我也会很恼火），但是在这个情况下，我不能损害自己的名声，也不能承受生意中的任何损失；因此我建议你向阿基比亚德斯、阿里斯托诺斯以及切菲西亚德斯本人提出这个要求，这样我就不会陷入麻烦之中；这是我的建议，如果他们不同意你所说的，你就必须亲自与他们交涉。""放轻松，帕西翁，"卡利普斯说，"如果你愿意，你会让他们同意我的要求的。"

[Demosthenes 52.12] 尊敬的陪审员们，这就是原告对我父亲所说的话，而我父亲根据原告的要求，向阿基比亚德斯和（收款人）切菲西亚德斯本人转述了这番话。从那时起，（原告）就开始谋划

这次诉讼了。我庄严地发誓,我确实是从我父亲口中听到这些话的。[Demosthenes 52.13] 然而,在我父亲与阿基比亚德斯和切菲西亚德斯的另一位朋友初次谈论此事,且他们对卡利普斯本人及其言论不以为意之后,这位要求你们相信他才是讲述事实真相之人的原告,经过了三年的等待,直到得知我父亲身体每况愈下,视力衰退,且难以亲自进城之后,[Demosthenes 52.14] 他才对我父亲提起了诉讼。但(他提起的)并不是类似于现在的金钱之诉,而是损害赔偿之诉(actions for damages),起诉我父亲将赫拉克里特人莱康的钱款付给切菲西亚德斯的行为损害了他的利益,因为莱康在生前曾承诺未经原告同意不得支付这笔钱款。在卡利普斯提起诉讼后,他从公共仲裁员那里取回了起诉材料,并且要求我父亲将案件转交给利西西德斯(Lysitheides),他不仅是卡利普斯以及伊索克拉底(Isocrates)和阿法雷乌斯(Aphareus)[1]的朋友,同时也是我父亲的熟人。[Demosthenes 52.15] 我父亲表示同意,(因为)在他生前,不论利西西德斯与这些人有多么亲密,(他)也从未做过伤害我们的事情。但原告的某些朋友实在是寡廉鲜耻,竟厚颜无耻地作证说卡利普斯曾要求我父亲宣誓,而我父亲却拒绝在利西西德斯面前宣誓;甚至妄想说服你们相信,利西西德斯作为卡利普斯的朋友兼本案的仲裁员,会避免立即判我父亲有罪,特别是在我父亲拒绝成为自己案件的法官的情况下。

[Demosthenes 52.16] 我主张,我所说的才是真相,而这些人

---

1 伊索克拉底和阿法雷乌斯是著名的演说家和悲剧诗人。

在说谎,这一事实证明了利西西德斯毫无疑问会对我父亲作出有罪判决,我现在本应当是不动产恢复之诉(ejectment suit)的被告,而不是金钱之诉的被告;除此之外,我还将把在利西西德斯的庭审中见证我与原告多次见面的证人带到你们面前。

**证人**

[Demosthenes 52.17] 在间接证据和书面证词中你们很容易发现,卡利普斯当时并没有要求我父亲起誓,现在却在我父亲去世后恶意中伤,还带来了他自己的至交好友作伪证。我也将代表我父亲起誓,因为根据法律规定,当有人对逝者提起诉讼时,作为继承人(的我)理应这样做。[Demosthenes 52.18] 也就是说,我相信我父亲从未同意将莱康留下的存款支付给原告,莱康也从未向我父亲介绍过原告这个人;弗尔米奥也发誓说,在阿基比亚德斯的见证下,他亲自与莱康清算账目,并且莱康指示他把钱款付给切菲西亚德斯,并且由阿基比亚德斯担任证人;[Demosthenes 52.19] 以及,当卡利普斯第一次到银行,声称莱康已死,并要求行使对账簿的审阅权来确认这个赫拉克里特人是否留下了任何财产时,弗尔米奥立刻向他出示了账簿。而卡利普斯在看到钱款将要支付给切菲西亚德斯的字样后,并未提出任何反对意见和对钱款支付的任何异议,就沉默地离开了。为了证明上述内容,法庭书记员将向你们宣读证明事实和法律依据的证词。

**书面证词与相关法律**

[Demosthenes 52.20] 尊敬的陪审员们,现在我将会向你们

展示莱康与卡利普斯不存在任何关系，因为我认为这有利于反驳原告所坚称的这笔钱是莱康赠与他的无理说辞。埃琉西斯人（Eleusis）梅嘉科勒德斯（Megacleides）和他的兄弟特哈斯勒斯（Thrasyllus）在启航前往阿斯（Acê）[1]前向莱康总计借了四十迈纳，但是当他们改变主意决定不冒险启航时，莱康在与梅嘉科勒德斯争论关于利息的事情，并且认为自己被欺骗了以后，与梅嘉科勒德斯大吵了一架，然后寻求法律途径取回借款。[Demosthenes 52.21] 因为涉案标的数额巨大，导致诉讼被拖延了很久，但莱康从未向卡利普斯咨询过此事；而是向阿基比亚德斯和他的朋友们寻求帮助，也是阿基比亚德斯为他们解决了这一问题。

为了证明我所言句句属实，我将请梅嘉科勒德斯出庭作证。

**书面证词**

[Demosthenes 52.22] 尊敬的陪审员们，如您所见，莱康与卡利普斯能有什么交情呢？他既没有向卡利普斯咨询相关事务，也从未邀请过卡利普斯到家中做客；并且这一事实是原告的朋友们不敢捏造的，也就是说，卡利普斯从未到过莱康家里；因为他们也清楚，如果他们在这件事上撒谎，遭到严刑逼供的奴隶们会立刻揭发他们。[Demosthenes 52.23] 但是，我想向你们出示一份非常关键的间接证据，我认为它会说服你们相信卡利普斯所说的都是谎话。尊敬的陪审员们，如果莱康如原告所称的那样喜爱原告

---

1 阿斯（Acê），腓尼基海岸的一个小镇。

并与其关系亲密,并且如果他遭遇不测,他想把这笔钱赠与原告的话,[Demosthenes 52.24] 莱康直接将钱交给卡利普斯保管不是更好的选择吗?这样一来,如果莱康安全归来,他能够合理公正地从他的朋友兼外国代理人手中取回钱财;如果他遭遇不测,这笔钱会如他所愿赠与卡利普斯。我想问,这样难道不是比把钱放在银行更好吗?在我看来,我认为前者会更加的公正和高尚。然而,莱康并没有做出任何类似行为,你们肯定会认为这是一个假定推论;实则不然,莱康做出了口头和书面指示,将存款支付给切菲西亚德斯。

[Demosthenes 52.25] 尊敬的陪审员们,我希望你们还能够考虑以下几点。卡利普斯是你们城邦的公民,是一个既能够帮助他人也能够伤害他人的成年男子;而切菲西亚德斯是一名异邦居民,且没有任何个人影响力。因此,人们不能想象我的父亲蔑视"正义"地支持切菲西亚德斯,而非做支持原告这样"正确"的事情。[Demosthenes 52.26] 但他或许会说,我父亲拿了回扣,因此选择支持切菲西亚德斯而非原告。(如果是这样,)我们要相信,首先他冤枉了一个可以令他受到加倍伤害的人。(这样得不偿失。)其次,在这种情况下,我父亲(看起来)是一个贪财之人,然而他缴纳特别税款、提供公共服务和为国家捐款的行动可以证明他并不是这样的人。[Demosthenes 52.27] 并且,我父亲从不伤害他人,怎么会冤枉卡利普斯呢?原告曾向我父亲发誓他是一位正直的、不会说谎的人,但他是否真如他所称的那般?他甚至还声称

我父亲是个删除存款记录的卑鄙小人。如果我父亲像原告所声称的那样拒绝起誓，或者拒绝付款，他又是如何逃过随之即来的谴责呢？尊敬的陪审员们，这谁会相信呢？我认为没有人能够相信。[Demosthenes 52.28] 此外，阿基比亚德斯怎么会真的沦落到如此卑鄙的地步，以至于要做对卡利普斯——他自己的同僚，也是一名官员——不利的证明？（他怎么会）说我说的是真话，而卡利普斯在撒谎？而这一切，他难道不知道一旦卡利普斯选择以作伪证为由起诉他，或者仅仅是强迫他起誓，他将被迫做出卡利普斯所要求的任何誓词？[Demosthenes 52.29] 再说，有谁能说服你们，阿基比亚德斯会为了切菲西亚德斯这个外邦人，或者是弗尔米奥这个被卡利普斯指控删除存款记录的人作伪证？这不可能，尊敬的陪审员们，你们也不能认为阿基比亚德斯和我父亲做了什么卑鄙的事；你们知道，我的父亲有着极强的自尊心，不愿意做任何卑贱可耻的事，并且他与卡利普斯的关系并不允许他轻蔑地伤害卡利普斯。[Demosthenes 52.30] 在我看来，卡利普斯的确不是一个无足轻重的人，不应当受到轻视——他对我影响甚大，去年对我提起了诉讼，并要求我将此事提交利西西德斯仲裁。(我虽然受到他的蔑视，但还是接受了这一明智的建议——我通过正当的法律途径，把本案呈递裁判官处理。)（但）我认为，卡利普斯贿赂了依法指定的裁判官，他没有经过宣誓程序就作出判决。我作出了抗议，要求他根据法律规定进行宣誓。然而，卡里普斯认为利西西德斯这样一个品行优秀和值得尊敬的人，已经就纠纷作出了判决。(因而他本人无须进行宣誓。)[Demosthenes 52.31] 尊敬的陪审员们,要是我父亲还活着,不论利西西德斯是否宣誓,他都不可能冤枉我的父亲,因为利西西德斯对我的父亲怀有敬意;但他对我并没有敬意,也就没有进行发誓,不过如果他发誓的话,他也许就不会为了他自己的利益而冤枉我了。这就是他在不宣誓的情况下作出判决的原因。

为证明我说的是真话,我会请在场的人就这些事件作证。

**证人**

[Demosthenes 52.32] 尊敬的陪审员们,正如你们已经在书面证词中得知的那样,卡利普斯完全可能为达目的违背法律与正义。我谨代表我父亲和我本人恳请你们牢记,为了证实我所说的一切,我已向你们提供了证人、间接证据、法律依据和书面证词;就原告而言,如同我已经说明的那般,如果他认为对这笔存款享有任何的请求权,他应当起诉切菲西亚德斯,(因为)切菲西亚德斯已经承认了他获得并享有这笔钱。但是,他即便知道钱款并不在我们手中,也仍然向我提出请求,而不对切菲西亚德斯提起诉讼。我恳请你们记住所有的事实真相,并作出有利于我的判决。[Demosthenes 52.33] 如果你们忠于事实真相,就会作出合法的、公正的判决,而且这对于你们自己和我父亲都有利;对于我本人,我宁愿你们夺走我所拥有的一切,也不愿作为恶意诉讼的受害者付出不公正的代价。

# 附录四 优士丁尼《法典》片段

## C.2.7 关于不同法庭中的律师

### C.2.7.1 串通的后果

皇帝安东尼·奥古斯都致多隆。

如果任何人认为他案件的律师（与另一方）串通，并且能够证实这一指控，那么一定会有针对该律师罪罚适当的判决，同时主案也将重新审理。但如果无法证实双方串通，那么他将被冠以诬告（*calumnia*）之名，除非案件上诉，否则主案将维持原判。

本谕令于公元213年9月29日由安东尼·奥古斯都（第四次担任执政官）、巴尔比努斯颁布。

### C.2.7.2 律师提供公共服务职能

皇帝瓦伦斯·奥古斯都、格拉提亚努斯·奥古斯都和瓦伦丁尼安·奥古斯都致（意大利）禁卫军长官安东尼。

对于那些必须为他们的家乡市政府提供公共服务的什夫长

们，我们不希望有任何人离开其岗位。然而，我们允许他们履行什长职责的同时，在法律事务中发挥辩护律师的职能，但前提条件是他们不得与授予其荣誉的市政相对抗。

本谕令于公元378年8月18日由瓦伦斯·奥古斯都（第六次担任执政官）、瓦伦丁尼安·奥古斯都（第二次担任执政官）在拉文纳颁布。

C.2.7.3 律师的职业限制

皇帝阿卡丢斯·奥古斯都、奥诺流斯·奥古斯都致城市长官阿富里坎。

任何律师行会的注册律师不得从事行省服务，尤其是受制于法庭义务的律师，显然既为了政治腐败无法滋生，又为了不情愿的人免遭强制。

本谕令于公元396年8月3日由阿卡丢斯·奥古斯都皇帝（第四次担任执政官）、奥诺流斯·奥古斯都皇帝（第三次担任执政官）在君士坦丁堡颁布。

C.2.7.4 律师报酬作为特有产

皇帝奥诺流斯·奥古斯都、狄奥多西·奥古斯都致禁卫军长官尤斯塔修。

无论是阁下高级法庭还是普通法庭的律师，对于他们基于律师职业或者从事与之相关的事务已经或者可能获得的（报酬），他们应当能够对此主张个人所有，尤其是在他们家父去世后，正如军人享有的军营特有产一样。

本谕令于公元 422 年 3 月 23 日由奥诺流斯·奥古斯都（第十三次担任执政官）、狄奥多西·奥古斯都（第十次担任执政官）在君士坦丁堡颁布。

C.2.7.5 城市长官法庭律师的待遇

皇帝狄奥多西·奥古斯都和瓦伦丁尼安·奥古斯都致城市长官居鲁士。

尊贵的城市长官法庭的律师（据此）应当知道，我们基于对东方大区杰出长官的律师学识的尊重，其所慷慨大方赐予的一切，通过当前谕令也同样赐予他们。

本谕令于公元 426 年 12 月 26 日由狄奥多西·奥古斯都（第十二次担任执政官）、瓦伦丁尼安·奥古斯都（第二次担任执政官）在君士坦丁堡颁布。

C.2.7.6 禁卫军长官法庭律师的保护

皇帝狄奥多西·奥古斯都和瓦伦丁尼安·奥古斯都致禁卫军长官弗洛伦提乌斯。

我们规定，任何法官或（甚至）禁卫军长官本人都不得对即将在阁下高级法庭进行辩护的律师施加任何干扰；任何人不应当妄图强加任何事于行省法庭的律师或者巡回法官法庭的律师身上。不应当强制律师履行接受审查（税收财产）或强制纳税的义务；不应当要求他们参与公共工程，也不应当要求他们提供审核记录或者提供账目。总之，除要求他们只能在从事律师公职的相同地点充当仲裁员外，不应当要求他们做任何事。任何试图违反本法规定的官员都将被处以50磅金的罚款。

本谕令于公元439年4月19日由狄奥多西·奥古斯都（第十七次担任执政官）、费斯托斯在君士坦丁堡颁布。

### C.2.7.7 伊利里亚大区禁卫军长官法庭律师特权的保护

皇帝狄奥多西·奥古斯都和瓦伦丁尼安·奥古斯都致伊利里亚大区禁卫军长官萨拉修斯。

我们规定伊利里亚大区的律师应当获得与东方大区禁卫军长官的律师相同的特权。

本谕令于公元439年9月7日由狄奥多西·奥古斯都（第十七次担任执政官）、费斯托斯在君士坦丁堡颁布。

### C.2.7.8 国库律师的特权

皇帝狄奥多西·奥古斯都和瓦伦丁尼安·奥古斯都致城市长官和现任执政官居鲁士。

由于禁卫军长官的律师行会人数限制为150人，人数既不能增加也不能减少，因此我们规定，凡达到国库律师阶层的人，连同他们的子女（不论出身），都可以免于从事类似执法官的行政官员或其他低级公职；国库律师在履职一年后，应当离开该律师行会并被授予帝国议会伯爵称号。并且根据本法规授权，我们规定阁下法庭的国库律师通过任何方式合法获得的所有财产，他们都可以主张为自己所有，就像军营特有产一样，这些财产并非其父亲或者祖父的利益。所有规定也可以延伸适用于城市长官的律师团体。

本谕令于公元440年12月30日由瓦伦丁尼安·奥古斯都（第五次担任执政官）以及安纳托利乌斯颁布。

C.2.7.9 律师恢复职务的权利

皇帝狄奥多西·奥古斯都和瓦伦丁尼安·奥古斯都致禁卫军长官阿波罗尼乌斯。

如果任何阁下至高无上的法庭、伊利里亚大区长官法庭、城市长官法庭或者在行省法庭代理案件的律师被阁下指定赋予管理行省的权力和义务，在诚信地履行他的行政职能并且其声誉没有受损的前提下，他应当能够恢复他曾从事并以此为生的职务，他不应当因为任何怨恨被阻止再次辩护案件。

本谕令于公元442年8月21日由执政官尤多修斯和狄奥斯库若在君士坦丁堡颁布。

C.2.7.10 提拔国库律师

皇帝瓦伦丁尼安·奥古斯都和马尔西安·奥古斯都致禁卫军

长官帕拉迪乌斯。

我们规定，阁下法庭每年有两名卓越的律师应当被提拔为国库律师，他们中的每一位都将与之前独自被提拔为国库律师的律师一样，享有同等的等级象征和特权。

本谕令于公元452年6月18日由执政官斯波拉修斯在君士坦丁堡颁布。

### C.2.7.11 严格的准入规则

皇帝利奥·奥古斯都致禁卫军长官维维安努斯。

pr. 我们不允许任何人将担任其法律顾问的人纳入贵大区选作顾问委员会的法定人数为150人的律师之列。

1. 事实上，任何人不得成为一名律师，除非此候选人的出生地行省总督及其下属官员一同在场对其进行审查，并出具一份声明，说明此人并非其下属官员，不受公职身份和条件的约束。本规定适用于行省总督在场的情况，如果他缺席，则应由其所在地的城市保护官出具该声明。

2. 同样，我们命令他的老师，作为法律专家，在记录声明下，宣誓证明该被选中（作为律师）之人已经接受了法律专业知识的培训。

3. 我们进一步规定，阁下杰出的律师团队超过150人时，超出的律师应当被允许在可敬者（*viri spectabiles*）资深执政官、宫廷特使（埃及）、东方大区长官或者可敬者（帝国）代理官的法庭上辩护案件,也应当被允许在行省长官法庭上为法律事务辩护。

本谕令于公元 460 年 2 月 1 日由执政官马格努斯和阿波罗纽斯在君士坦丁堡颁布。

C.2.7.12 国库律师的任职期限

皇帝利奥·奥古斯都致伊利里亚大区禁卫军长官尤西比乌斯。

我们规定,阁下高级法庭的国库律师现在应当不再于任职一年后就离开岗位,而是按照长久以来的惯例在两年任期结束后离开职务。他从先前皇帝那里所获得的同一律师行会的全部特权应当予以保留。

本谕令于公元 463 年 2 月 20 日由执政官巴西里乌斯和维维安努斯在君士坦丁堡颁布。

C.2.7.13 法院登记名册与国库律师职能

皇帝利奥·奥古斯都和安特缪斯·奥古斯都致埃及边境长官以及宫廷特使亚历山大。

pr. 根据本法令,我们批准了亚历山大博学的律师关于他们法庭登记名册以及国库律师的请愿书,我们规定,律师登记人数限定为 50 人,并且会定期更新所登记的姓名,同时对于那些寻求帮助的人,律师们既可以在可敬者埃及边境长官的法庭也可以在宫廷特使的法庭提供辩护。但是,对于超出任命人数限制部分的律师，他们应当在同一城市其他法官的法庭上进行辩护，而在填补（50名律师的）空缺时，登记名册内律师的儿子优先于超出任命人数限制部分的律师进行补位。国库律师在两年后退休后，结合他在职时工作的情况和之前担任行省总督或执政官的级别给予奖励，必要时，他也不应当失去为自己或者其子女、父母、妻子以及四等旁系亲属提供法律辩护的自由和能力。

1. 但是，当国库律师在任时离世，下一级别的律师应当立即接替他的职位，已故国库律师的继承人不应期望（在接替过程中）获得任何利益。国库律师先前已被知晓所享有的全部特权以及阁下报告中提到的特权应当在今后完整保留并不受侵犯。因此，当我们慷慨地授予接任者荣誉（担任国库律师）时，他们可以安度余生，不会因强加的公共义务而焦虑。

本谕令于公元468年8月20日由执政官安特缪斯颁布。

### C.2.7.14 律师的作用

皇帝利奥·奥古斯都和安特缪斯·奥古斯都致伊利里亚大区禁卫军长官。

律师，解决诉讼中的疑难问题，并且通过他们在公共或私人事务中的辩护帮助处于诉讼中的人，使被击倒的人重新振奋，就像那些在战斗中保卫他们的祖国、守护他们的父母的人一样帮助所有人。在我们的帝国，我们认为士兵不仅仅是那些手持剑盾或者乘坐战车的人，还有那些律师，他们用动听的嗓音作战，守卫着那些处于焦虑之中的人的希望、生活和未来。

本谕令于公元 469 年 3 月 27 日由执政官芝诺和马尔西安在君士坦丁堡颁布。

C.2.7.15 前 64 位禁卫军长官法庭律师的特权

皇帝利奥·奥古斯都致禁卫军长官狄奥斯库若。

pr. 我们规定，根据先前谕令授予国库律师的同等权利，当前仅次于两位国库律师的前 64 位律师，从第 1 位到第 64 位，应当享有与尊贵的国库律师及其子女相同的皇室福利。

1. 我们已然决定，这一福利也应当授予达到国库律师级别的任何人，即若他们在任职期间离世，自担任国库律师起一整年的全部报酬应当不受限制地转交给其继承人或继任者，不论他们是亲生子还是私生子，也不论是通过遗嘱继承还是无遗嘱继承的形式转交。

本谕令于公元 472 年 5 月 16 日由执政官马西亚努斯在君士坦丁堡颁布。

C.2.7.16 前 15 位城市长官法庭律师的特权

皇帝利奥二世·奥古斯都和芝诺·奥古斯都致城市长官优士丁尼。

同 64 位杰出的禁卫军长官法庭的律师一样，在我们的恩赐下，来自阁下法庭中目前仅次于国库律师的前 15 位律师应当享有提供给国库律师及其子女同样的特权。

本谕令于公元 474 年 3 月 16 日由皇帝利奥二世·奥古斯都在君士坦丁堡颁布。

### C.2.7.17 律师行会人数的维持

皇帝利奥二世·奥古斯都和芝诺·奥古斯都致伊利里亚大区禁卫军长官保罗。

pr. 我们命令，如先前所规定，阁下（管辖）高级法庭的律师行会人数应为 150 人。并且律师的人数因退休、死亡或其他任何原因而减少时，应由阁下按照如下的方式选任（合适的律师）以填充该数目。从现在起的两年内，应任命继任者以维持该数目，但不必去调查他们是否属于下级官员，或是否来自低等阶层。然而，他们（此前）任职的行政部门显然可以保留对他们的诉因，（但）即使存在这种诉讼权利，肯定的是，也将在他们完成国库律师职责并退休时灭失。但（从现在起的）两年期届满后，（阁下）申请任命为律师的人，除非有明确公职名录证明他们绝不具备下级官员的身份，否则将不会得到批准。

1. 我们规定，无论是根据先帝的神圣谕令，尤其是利奥皇帝，还是根据我们的谕令，授予东方大区法庭律师的所有特权，根据本永远有效的法律，应当无差别地适用于阁下高级法庭的（注册）律师。

（公元 474 年。）（此处文本有缺失。）

### C.2.7.18 制裁行会律师的权力

除了大区禁卫军长官之外,任何人都无权对(其管辖法庭内的)行会律师处以罚款。

(此处文本有缺失。)

### C.2.7.19 律师的义务

无论是在行省宗族面前,还是在裁判官面前,一方当事人的两名律师均不得以另一名律师(缺席)为由拖延案件审理;相反,在场的两名律师应当继续辩护而不得主张延期审理。

本谕令于公元486年12月27日由执政官隆琴在君士坦丁堡颁布。

### C.2.7.20 授予律师头衔

皇帝阿那斯塔修斯·奥古斯都致宫廷大臣尤西比乌斯。

pr. 我们认为,应同意尊贵的皇室司库伯爵和亚细亚行省总督的报告(提出的要求)。通过此报告,他们向我们传达了其管辖法庭下的律师们最恳切的期许,他们共同请愿,恳请我们在律师们退休后授予他们一些头衔。

1. 因此,正如上述提及的那样,我们命令处于上述职位的人(律师),(即)每一位现任和以后的注册律师,在退休后应当跃升最尊贵者——一等伯爵阶层,以便在他们退休时收获对过去工作的回报,也是作为他们经证实的对客户忠诚和勤勉的报答,从而有别于大众，成为最尊贵阶层中的一员。

本谕令于公元 497 年 12 月 31 日由阿那斯塔修斯·奥古斯都在君士坦丁堡颁布。

C.2.7.21 律师的豁免权

皇帝阿那斯塔修斯·奥古斯都致伊利里亚大区禁卫军长官托马斯。

我们规定，阁下（管辖）的那些今后可能晋升为国库律师的（注册）律师们，以及其已经或以后出生的子女和他们的财产，应享有豁免权和自由，不受任何下级官员或低等级人的约束和侵害。十分清楚的是，这（一特权）早已由皇帝谕令授予尊贵的东方大区禁卫军长官以及一些杰出的城市长官（管辖）的注册律师。并且，毫无疑问，无论是他们的权力还是阁下的权力，都来自同一渊源。

本谕令于公元 500 年 11 月 20 日由执政官帕特里修斯和赫帕蒂乌斯颁布。

C.2.7.22 律师行会人数以及律师的特权

皇帝阿那斯塔修斯·奥古斯都和君士坦丁·奥古斯都致禁卫军长官。

pr. 我们命令，最尊贵者东方大区长官法庭的现任首席（注册）律师应担任国库律师之职，任期两年；并应当获得全体同意支付（给他们）的两年薪酬。在任期届满后，他们将结束作为律师的职业生涯。然而，这一律师行会的人数应减至 40 人，具体如下：对于目前律师行会中的超额律师，不得免除其律师职务；但只要律师人数超过 40 人，就不得再批准任何（新）成员加入。

1. 此外，按照规定，不得禁止退休的国库律师在此后为自己及其妻子、岳父母、女婿儿媳、孙子女以及他们的佃农、奴隶辩护。

2. 他们的房屋可以免除接纳驻扎士兵的负担，前提是他们仅就自己的一座房屋主张该特权。

3. 并且，在他们自己以及他们的佃农和奴隶的案件中，审判费用应按照向我们提供的明细所记载的金额收取，任何人不允许向他们收取超额的费用。

4. 此后，在证实已经接受了规定时间的法学教育之前，任何人都不得成为上述律师行会的一员。

5. 律师的儿子——包括在职律师和已经退休的国库律师（的儿子），而不论（该律师）是否（仍）在世——应较之其他想进入该团体的人享有优先权，并且不必支付任何费用，但前提是，如前述规定，也必须接受了规定时间的法学教育。

6. 为了供养那些在职的或即将就任的国库律师——不仅是在世的，还包括那些猝然离世的国库律师——我们规定只要他们被录用，未支付的薪酬应留给他的继承人。并且，不得强迫那些已经退休或即将退休的国库律师履行任何公共职务。而且，根据最尊贵者东方大区法官作为唯一适格的法官的判决，除非我们特别授权，也不得强制他们出席或将其传唤至其他地方的法庭。

本谕令于公元505年6月1日由执政官萨比尼亚努斯和西奥多罗斯在君士坦丁堡颁布。

## C.2.7.23 律师的特权

皇帝阿那斯塔修斯·奥古斯都致禁卫军长官尤斯塔修。

pr. 律师是与人们生活息息相关并且值得称赞的职业，应该用帝国的奖励予以高度补偿。

1. 因此，我们命令，阁下管辖法庭担任国库律师的最尊贵者应当接受，在他们履职那年的帝国隆重的新年庆典上，在尊贵的伯爵出席的情况下，接受我们亲自颁发的礼物。

2. 在他们卸任后，如果他们有生来自由的儿子，应将他们注册为公证员，并按照惯例获得免除支付推荐费的皇帝信件。

3. 如果阁下判决称某律师拖欠债务或者被他人起诉，并且他已准备认罪，这个案件则不应提交至指定的仲裁员处，而应交由现任国库律师（审理），或者在一位国库律师不能出席的情况下，交由他们（国库律师）中的任何一位，并且根据惯例移交案件记录。

4. 对于（律师）没有任何嫁资合意，仅基于双方的感情根据婚意缔结的婚姻，无论他们是否有子女，当他（丈夫）希望作出（缔结婚姻）的法律声明时，该声明应在现任国库律师或前述任何一员面前执行，就此事进行司法登记。但是，如果有人员缺席，法律承认的主张显然仍完全有效。

5. 此外，对于那些希望在接下来就任荣耀的执政官之前解放其奴隶的律师，应先向尊敬的国库律师汇报，由国库律师来执行解放。

6. 尽管如此，一直以来赋予前述国库律师或现任国库律师的其他权利，根据本谕令将继续有效。

本谕令于公元 506 年 11 月 20 日由执政官阿雷欧宾杜斯和梅萨拉在君士坦丁堡颁布。

## C.2.7.24 律师的特权

皇帝阿那斯塔修斯·奥古斯都致禁卫军长官塞尔吉乌斯。

pr. 我们决定，应当批准叙利亚行省总督法庭的高级律师们的请愿书，但有适当的限制。我们命令，最尊贵者东方大区法庭的现任首席（注册）律师应担任国库律师之职，任期两年；并应当获得全体同意支付（给他们）的两年薪酬。在任期结束后，他们将结束律师的职业生涯。然而，这些律师行会的人数应减至 30 人，具体如下：对于目前律师行会中的超额律师，不得免除其律师职务；但只要律师人数超过 30 人，就不得再批准任何成员加入。

1. 此外，对于那些按照规定已经退休的国库律师，不得禁止他们在此后为自己及其妻子、岳父母、女婿儿媳、孙子女以及他们的佃农、奴隶辩护。

2. 他们的房屋可以免除接纳驻扎士兵的负担，前提是他们仅就自己的一座房屋主张该特权。

3. 并且，关于审判费用，在他们自己以及他们的佃农和奴隶的案件中，应按照向我们提供的明细所记载的金额收取，任何人不得向他们收取超额的费用。

4. 此后，在证实已经接受了规定时间的法学教育之前，任何人都不得成为上述律师行会的一员。

5. 律师的儿子——包括在职律师和已经退休的国库律师（的儿子），而不论（该律师）是否（仍）在世——应较之其他想进入该团体的人享有优先权，并且不必支付任何费用，但前提是，如前述规定，必须接受了规定时间的法学教育。

6. 为了供养那些在职的或即将就任的国库律师——不仅是在世的，还包括那些猝然离世的国库律师——我们规定只要他们被录用，未支付的薪酬应留给他的继承人。并且，不得强迫那些已经退休或即将退休的国库律师履行任何公共职务。而且除非我们特别授权，也不得强制他们出席或将其传唤至其他地方的法庭；由于最尊贵的东方大区长官是唯一适格的法官，（因此）他们只能在其所在地行省被控告或起诉。

本谕令于公元 517 年 12 月 1 日由阿那斯塔修斯·奥古斯都和执政官弗拉菲乌斯在君士坦丁堡颁布。

C.2.7.25 国库律师的特权

皇帝查士丁·奥古斯都致禁卫军长官马里努斯。

pr. 对于具有杰出雄辩才能的国库律师，应当恢复授予他们60磅黄金，该款项在已故芝诺皇帝统治时期授予的是法官和那些核实保证金的工作人员，但由于后来的皇帝过分吝啬，认为该款项最好取消。现在，基于我们的慷慨与厚爱，最尊贵者国库律师们应当每年如数领取上述款项，并由阁下高级法庭的两位国库律师均分。（即使）他们希望将这笔款项献给他们的首领（皇帝），也应当退回给他们。

1. 此外，我们给他们发放帝国认证书，不仅是以一位国库律师的名义，还有另一位国库律师，以此来确认保民官和秘书（的人选），无论他们是想将此荣誉授予他们的儿子还是其他人。

2. 并且，还有一项更高的荣誉，向他们授予皇帝手谕以彰显他们的阶层——（但）我们只承诺以一名国库律师的名义授予该手谕，须征得另一位国库律师的同意才生效，或授予他们行省中的任何一人或者他们居住在行省中的任何一位朋友。

3. 更进一步，我们每年赋予两名国库律师分别效忠皇帝的机会，在皇家护卫死亡后职位有空缺时，成为有限的皇家护卫中的一员，一名担任骑兵，另一名担任步兵。前提是他们（那些死去的皇家护卫）仍在世时，没有与那些对此有意向的人（这两位国库律师）就此职位达成交易。并且，这两位口才出众的国库律师应知道，当他们认为他们合适接任（死去的皇家护卫）时，他们每人须向尊贵的皇家护卫伯爵支付不超过 2000 索利都斯，具体而言，需要就职于骑兵部队的向骑兵伯爵支付，需要就职于步兵部队的向步兵伯爵支付。按照惯例所应得的津贴和其他报酬将分配给这些新兵，而无须支付任何其他费用。

4. 他们（国库律师）还应享有在不同时期可以获得的其他特权，这些特权可以通过皇帝诏书授予，也可以通过阁下部门的命令或指示授予。对于那些值得授予新荣誉的国库律师来说，他们以前的荣誉也应当被保留。

本谕令于公元 519 年 12 月 1 日由查士丁·奥古斯都在君士坦丁堡颁布。

C.2.7.26 高级法庭注册律师人数

皇帝查士丁·奥古斯都和狄奥多西·奥古斯都致城市行政长官：

pr. 根据本法令，我们决定，在阁下高级法庭的（注册）律师行会人数减至 80 人之前，不得允许任何人通过任何手段加入或希望加入律师行会，除非是排名前三十的注册律师的儿子想加入，并且接受过成为律师的专业教育，他们注册是免费的，无须支付任何费用；或者，每年仅允许不超过两名的编外人员加入，他们也必须在担任律师方面十分出色。在总人数减至 80 人以后，不得串通合谋再增加人数。

1. 他们作为一个整体，不允许他们颠倒原本按照时间顺序

——例如资历——而获得的就职顺序,以此(避免)他们将新人安插在资历更高的人之前,像商人那般就职位进行交易。

2. 我们还认为,应该让大家知晓,他们中的任何一员都不得拒绝出席庭审而居住在其他地区。还应让他们知道,当(他们)被任命为庭审律师以后,却在该城市之外的地方居住三年以上,为避免他们因跨区通勤和路途时间的增加而不断缺席法庭审判,他们将被剥夺律师职务和与之所享有的特权。

3. 如果有任何律师在任何时候违反了本规定,即使是轻微违反,也将判罚律师行会的20位首席律师、阁下部门目前负责处理人事记录的官员及其助理每人10磅黄金,因为他们没有立即依据本谕令对违反帝国法律的行为进行干预,或者他们未尽一切努力制止此类潜在的违法行为。此外,如果阁下(城市长官)的下属行政官员没有勤勉、积极地保证本规定的实施而不会遭致违反,同样也将被判罚10磅黄金。

4. 600奥里斯是以前模式下的薪水。殿下的国库律师从您法庭的金库中收取薪金,以使他快速且高效地完成他的辩护,但现在不应像以前那样在他很好地完成其工作后,收到薪金的时间通常不确定。相反,当他们完成一半的国库律师任期时,即10月1日,应立即支付款项。

5. 历任皇帝或相关法庭的城市长官赋予律师行会任何额外的特权,均应不受侵犯。

6. 并且,当任何一位律师因民事纠纷或刑事纠纷而被起诉时,无论他身处本地还是碰巧在允许的时间内身处其他行省，案件审理人员不得向其索取好处。那些负责起草起诉书、准备诉讼或履行其他职责以协助诉讼的人员，均不得以任何理由索取任何费用。

本谕令于公元 524 年 2 月 13 日由查士丁·奥古斯都（第二次担任执政官）和执政官奥皮里奥在君士坦丁堡颁布。

C.2.7.27 国库律师的义务与特权

皇帝查士丁·奥古斯都致禁卫军长官阿基拉。

除了国库律师米南德，任何人（在将来）都不得侥幸希望通过投机取巧的方式晋升为更高级律师（国库律师）；他们都将享有赋予国库律师的特权，无论是在为国库案件提供法律服务时，还是在履行完该职责后。

本谕令于公元 524 年 8 月 21 日由查士丁·奥古斯都（第二次担任执政官）和执政官奥皮里奥在君士坦丁堡颁布。

C.2.7.28（文本遗失。）

C.2.7.29 律师缺席法庭审判的惩罚

皇帝优士丁尼致禁卫军长官约安尼。

pr. 对于先帝查士丁颁布的关于阁下高级法庭注册律师的谕令，伊利里亚大区的律师行会要求我们向他们释明，如果他们缺席法庭审判，无论通过批准与否，此谕令是否对他们适用。

1.基于此，我们裁定该谕令普遍适用于所有律师，任何律师如果连续两年擅离职守或者经允许离职超过五年，将会被彻底地从律师名册中除名，并且他再也不能恢复律师的身份，也不能再协助其他该法庭的律师进行诉讼。因此，请命令阁下高级法庭的注册律师完全遵照执行本谕令。

（公元531—534年。）（部分文本缺失。）

# 参考文献

## 一、著作类

### （一）中文著作

[1] 蔡拓：《西方政治思想史上的政体学说》，中国城市出版社1991年版。

[2] 高鸿钧、赵晓力主编：《新编西方法律思想史》（古代、中世纪、近代部分），清华大学出版社2015年版。

[3] 何勤华：《西方法学史》（第二版），中国政法大学出版社1996年版。

[4] 胡骏：《古希腊民商事立法研究——以雅典城邦为中心的考察》，上海人民出版社2012年版。

[5] 黄洋：《古代希腊政治与社会初探》，北京大学出版社2014年版。

[6] 蒋保：《古希腊演说研究》，中央编译出版社2020年版。

[7] 李尚君：《"演说舞台"上的雅典民主：德谟斯提尼的演说表演与民众的政治认知》，北京大学出版社2015年版。

[8] 梁慧星主编：《民商法论丛（第10卷）》，法律出版社1998

年版。

[9] 梁治平:《法意与人情》,中国法制出版社2004年版。

[10] 刘亚猛:《西方修辞学史》,外语教学与研究出版社2008年版。

[11] 罗念生:《罗念生全集》(第一卷),上海人民出版社2019年版。

[12] 苗延波:《法治的历程》,新华出版社2016年版。

[13] 单中惠主编:《西方教育思想史》,教育科学出版社2007年版。

[14] 沈瑞英、杨彦璟:《古希腊罗马公民社会与法治理念》,中国政法大学出版社2017年版。

[15] 王志超:《德摩斯梯尼与雅典对外政策》,中国社会科学出版社2012年版。

[16] 徐国栋:《地方论研究:从西塞罗到当代》,北京大学出版社2016年版。

[17] 徐国栋:《优士丁尼〈法学阶梯〉评注》,北京大学出版社2011年版。

[18] 晏绍祥:《古典民主与共和传统》(上卷),北京大学出版社2013年版。

[19] 周枏:《罗马法原论》,商务印书馆2014年版。

## （二）外文译著

[1]〔丹麦〕摩根斯·赫尔曼·汉森：《德摩斯提尼时代的雅典民主》，何世健、欧阳旭东译，华东师范大学出版社2014年版。

[2]〔德〕马克斯·卡泽尔、〔德〕罗尔夫·克努特尔：《罗马私法》，田士永译，法律出版社2018年版。

[3]〔德〕乌维·维瑟尔：《欧洲法律史：从古希腊到〈里斯本条约〉》，刘国良译，中央编译出版社2016年版。

[4]〔法〕菲斯泰尔·德·古朗士：《古代城市：希腊罗马宗教、法律及制度研究》，吴晓群译，上海人民出版社2006年版。

[5]〔法〕亨利-伊雷内·马鲁：《古典教育史（罗马卷）》，王晓侠等译，华东师范大学出版社2017年版。

[6]〔法〕孟德斯鸠：《论法的精神》，许明龙译，商务印书馆2012年版。

[7]〔法〕让-皮埃尔·韦尔南：《希腊思想的起源》，秦海鹰译，生活·读书·新知三联书店1996年版。

[8]〔古罗马〕奥卢斯·革利乌斯：《阿提卡之夜》（11—15卷），周维明、虞争鸣、吴挺、归伶昌译，中国法制出版社2020年版。

[9]〔古罗马〕昆体良：《昆体良教育论著选》，任钟印选译，人民教育出版社2001年版。

[10]〔古罗马〕昆体良:《雄辩教育思想与〈雄辩术原理〉选读》,北京师联教育科学研究所编译,中国环境科学出版社、学苑音像出版社 2006 年版。

[11]〔古希腊〕阿里斯托芬、〔古罗马〕普劳图斯、〔古罗马〕维吉尔:《鸟·凶宅·牧歌》,杨宪益译,上海人民出版社 2019 年版。

[12]〔古希腊〕阿里斯托芬:《云·马蜂》,罗念生译,上海人民出版社 2006 年版。

[13]〔古希腊〕柏拉图:《游叙弗伦·苏格拉底的申辩·克力同》,严群译,商务印书馆 1983 年版。

[14]〔古希腊〕普鲁塔克:《道德论丛》(Ⅲ),席代岳译,吉林出版集团有限责任公司 2015 年版。

[15]〔古希腊〕普鲁塔克:《希腊罗马英豪列传》(Ⅰ—Ⅸ),席代岳译,安徽人民出版社 2012 年版。

[16]〔美〕R. 弗里曼·伯茨:《西方教育文化史》,王凤玉译,山东教育出版社 2013 年版。

[17]〔美〕加加林、〔美〕科恩编:《剑桥古希腊法律指南》,邹丽、叶友珍等译,华东师范大学出版社 2017 年版。

[18]〔美〕威尔·杜兰特:《世界文明史:希腊的生活》,台湾幼狮文化译,华夏出版社 2010 年版。

[19]〔美〕约翰·H. 威格摩尔:《世界法系概览》,何勤华、李秀清、郭光东等译,上海人民出版社 2004 年版。

[20]〔日〕盐野七生:《罗马人的故事》(Ⅰ—XV),计丽屏译,中信出版集团2012年版。

[21]〔苏联〕涅尔谢相茨:《古希腊政治学说》,蔡拓译,商务印书馆1991年版。

[22]〔意〕彼得罗·彭梵得著:《罗马法教科书》(2017年校订版),黄风译,中国政法大学出版社2017年版。

[23]〔意〕朱塞佩·格罗索:《罗马法史》,黄风译,中国政法大学出版社2009年版。

[24]〔英〕H.F.乔洛维茨、〔英〕巴里·尼古拉斯:《罗马法研究历史导论》,薛军译,商务印书馆2013年版。

[25]〔英〕R.A.G.卡森:《罗马帝国货币史》(上下册),田圆译,法律出版社2018年版。

[26]〔英〕埃夫丽尔·卡梅伦、〔英〕布莱恩·沃德-帕金斯、〔英〕迈克尔·惠特比:《剑桥古代史》(第十四卷),祝宏君、宋立宏等译,中国社会科学出版社2021年版。

[27]〔英〕爱德华·吉本:《罗马帝国衰亡史》(Ⅰ—Ⅵ),席代岳译,吉林出版集团有限责任公司2014年版。

[28]〔英〕保罗·布兰德:《英格兰律师职业的起源》,李红海译,北京大学出版社2009年版。

[29]〔英〕博伊德、〔英〕金合著:《西方教育史》,任宝祥、吴元训译,人民教育出版社1985年版。

[30]〔英〕戈尔德希尔、〔英〕奥斯本编:《表演文化与雅典民主

政制》，李向利、熊宸等译，华夏出版社 2014 年版。

[31]〔英〕葛怀恩:《古罗马的教育：从西塞罗到昆体良》，黄汉林译，华夏出版社 2015 年版。

[32]〔英〕基托:《希腊人》，徐卫翔、黄韬译，上海人民出版社 1988 年版。

[33]〔英〕克里斯托弗·罗、〔英〕马尔科姆·斯科菲尔德主编,《剑桥希腊罗马政治思想史》，晏绍祥译，商务印书馆 2016 年版。

[34]〔英〕施特劳斯:《修辞术与城邦——亚里士多德〈修辞术〉讲疏》，何博超译，华东师范大学出版社 2016 年版。

[35]〔英〕詹宁斯:《法与宪法》，龚祥瑞、侯健译，生活·读书·新知三联书店 1997 年版。

[36]〔英〕约翰·索利:《雅典的民主》，王琼淑译，上海译文出版社 2001 年版。

## （三）外文著作

### 1. 英文著作

[1] Adriaan Lanni, *Law and Justice in the Courts of Classical Athens*, Cambridge University Press, 2006.

[2] Bruce W. Frier, *The Codex of Justinian*, Cambridge University Press, 2016.

[3] Charles D. Adams, *The Speeches of Aeschines, with an English*

*Translation*, London: William Heinemann & New York: G. P. Putnam's Sons, 1919.

[4] Danielle S. Allen, *The World of Prometheus: the Politics of Punishing in Democratic Athens*, Princeton University Press, 2002.

[5] Edwin Carawan, *Oxford Readings in the Attic Orators*, Oxford University press, 2007.

[6] Elizabeth Rawson, *Cicero, A Portrait*, Bristol Classical Press, 1975.

[7] Fritz Schulz, *History of Roman Legal Science*, Oxford University Press, 1946.

[8] Gagarin Michael, *Early Greek Law*, University of California Press, 1989.

[9] George Kennedy, *The Art of Persuasion in Greece*, Princeton University Press, 1963.

[10] George Kennedy, *The Art of Rhetoric in the Roman World 300 B.C.-A.D. 300*, Princeton University Press, 1972.

[11] George M. Calhoun, *Athenian Clubs in Politics and Litigation*, University of Texas, 1913.

[12] Henry Joseph Haskell, *This Was Cicero*, Fawcett, 1964.

[13] Ian Worthington, *Persuation: Greek Rhetoric in Action*, Routledge, 1994.

[14] James A. Brundage, *The Medieval Origins of the Legal Profes-*

sion: Canonists, Civilians, and Courts, the University of Chicago Press, 2008.

[15] James A. Herrick, *The History and Theory of Rhetoric*, 6th Edition, Routledge, 2017.

[16] John A. Crook, *Legal Advocacy in the Roman World*, Duckworth, 1995.

[17] Jonathan Powell & Jeremy Paterson(eds.), *Cicero the Advocate*, Oxford University Press, 2004.

[18] Joy Connolly, *The State of Speech: Rhetoric and Political Thought in Ancient Rome*, Princeton University Press, 2007.

[19] Leanne Bablitz, *Actors and Audience in the Roman Courtroom*, Routledge, 2007.

[20] Lene Rubinstein, *Litigation and Cooperation: Supporting Speakers in the Courts of Classical Athens*, Stuttgart, 2000.

[21] M. J. MacDonald, *The Oxford Handbook of Rhetorical Studies*, Oxford University Press, 2020.

[22] Malcolm Heath, *Hermogenes on Issues: Strategies of Argument in Later Greek Rhetoric*, Clarendon Press, 1995.

[23] Michael Gagarin & David Cohen(eds.), *The Cambridge Companion to Ancient Greek Law*, Cambridge University Press, 2005.

[24] Mogens Herman Hansen, *The Athenian Democracy in the Age of*

*Demosthenes*, translated by J. A. Crook, Bristol Classical Press, 1999.

[25] Oscar Lofberg, *Sycophancy in Athens*, Collegiate Press, 1917.

[26] Paul J. Du Plessis, *The Oxford Handbook of Roman Law and Society*, Oxford University press, 2016.

[27] Robert J. Bonner, *Lawyers and Litigants in Ancient Athens: the Genesis of the Legal Profession*, the University of Chicago Press, 1927.

[28] Roscoe Pound, *The Lawyer from Antiquity to Modern Times: with Particular Reference to the Development of Bar Associations in the United States*, West Publishing Co., 1953.

[29] Vincent Farenga, *Citizen and Self in Ancient Greece: Individuals Performing Justice and the Law*, Cambridge University Press, 2006.

[30] Wendy Olmsted, *Rhetoric: An Historical Introduction*, Wiley-Blackwell, 2006.

[31] William Forsyth, *The History of Lawyers: Ancient and Modern*, the Lawbook Exchange Ltd., 2010.

2. 意大利文著作

[1] Anna Maria Giomaro, *Sulla Presenza delle Scuole di Diritto e la Formazione Giuridica nel Tardoantico*, Rubbettino, 2011.

[2] Arnaldo Biscardi, *Diritto Greco Antico*, Giuffrè, 1982.

[3] Fritz Schulz, *Storia della Giurisprudenza Romana*, sansoni, 1968.

[4] Lorenzo Rocci, *Vocabolario Greco Italiano*, Dante Alighieri, 1998.

[5] Pietro Bonfante, *Istituzioni di Diritto Romano*, Giuffrè, 1987.

## 二、论文类

### (一) 中文论文

[1] 安庆征:《古代雅典的民主与法治》,载《世界历史》1989年第4期,第155—158页。

[2] 陈景良:《讼师与律师:中西司法传统的差异及其意义——立足中英两国12—13世纪的考察》,载《中国法学》2001年第3期,第142—154页。

[3] 程汉大:《英国对抗制的起源》,载《山东警察学院学报》2007年第1期,第14—19页。

[4] 邓建鹏:《清代讼师的官方规制》,载《法商研究》2005年第3期,第137—142页。

[5] 胡黎霞:《共和时期罗马演说术史钩沉》,载《史学集刊》2008年第3期,第54—59页。

[6] 胡黎霞:《西塞罗与罗马演说术教育》,载《历史教学》(高校版)2008年第5期,第53—56页。

[7] 黄美玲:《〈关于赠礼的琴其亚法〉探究》,载《私法研究》2016年第19卷,第60—73页。

[8] 黄美玲：《律师职业化如何可能——基于古希腊、古罗马历史文本的分析》，载《法学家》2017年第3期，第87—98页。

[9] 霍宪丹：《法律职业与法律人才培养》，载《法学研究》2003年第4期，第80—89页。

[10] 蒋保：《演说与雅典民主政治》，载《历史研究》2006年第6期，第138—150页。

[11] 金敏：《古罗马的法庭辩护士》，载《浙江社会科学》2006年第4期，第59—63页。

[12] 李栋：《讼师在明清时期的评价及解析》，载《中国法学》2013年第2期，第115—127页。

[13] 李尚军：《德谟斯提尼的修辞策略与雅典民众政治角色的塑造》，载《历史研究》2011年第4期，第123—135页。

[14] 李尚君：《表演文化与雅典民主政治——以政治演说为考察对象》，载《世界历史》2009年第5期，第95—102页。

[15] 李学尧：《法律职业主义》，载《法学研究》，2005年第6期，第3—19页。

[16] 李雪：《罗马共和国末期至帝国初期雄辩术教育的演变及其影响》，载《天津大学学报》2020年第1期，第88—94页。

[17] 刘思达：《分化的律师与职业主义的构建》，载《中外法学》2005年第4期，第400—414页。

[18] 刘小枫：《古希腊的演说术与修辞术之辩（上篇）》，载《外

国语文》2019 年第 4 期，第 1—13 页。

[19] 刘小枫：《古希腊的演说术与修辞术之辩（下篇）》，载《外国语文》2019 年第 4 期，第 24—32 页。

[20] 马丁：《罗马法上的"诉"：构造、意义与演变》，载《中外法学》2013 年第 3 期，第 556—570 页。

[21] 潘宇：《清代州县审判中对讼师的禁制及原因分析》，载《法制与社会发展》2009 年第 2 期，第 90—100 页。

[22] 齐云：《论罗马民事诉讼法上的证讼》，载《比较法研究》2015 年第 2 期，第 1—12 页。

[23] 邱志红：《从"讼师"到"律师"——从翻译看近代中国社会对律师的认知》，载《近代史研究》2011 年第 3 期，第 47—59 页。

[24] 舒国滢：《论题学：修辞学抑或辩证法？》，载《政法论丛》2013 年第 2 期，第 3—11 页。

[25] 舒国滢：《罗马法学成长中的方法论因素》，载《比较法研究》2013 年第 1 期，第 1—42 页。

[26] 舒国滢：《说不尽的 Topik 和 Topos》，载《浙江社会科学》2013 年第 2 期，第 144—147 页。

[27] 舒国滢：《西方古代修辞学：辞源、主旨与技术》，载《中国政法大学学报》2011 年第 4 期，第 33—52 页。

[28] 舒国滢：《西塞罗的〈论题术〉研究》，载《法制与社会发展》2012 年第 4 期，第 85—95 页。

[29] 舒国滢:《亚里士多德论题学之考辨》,载《中国政法大学学报》2013年第2期,第5—40页。

[30] 舒国滢:《"争点论"探赜》,载《政法论坛》2012年第30期,第12—34页。

[31] 舒国滢:《追问古代修辞学与法学论证技术之关系》,载《法学》2012年第9期,第11—15页。

[32] 舒国滢:《走近论题学法学》,载《现代法学》2011年第4期,第3—15页。

[33] 王彬:《法律修辞学的源流与旨趣》,载《北方法学》2013年第7期,第123—130页。

[34] 王晓朝:《论古希腊修辞学的发展与朴素辩证思维的诞生》,载《杭州大学学报(哲学社会科学版)》1992年第2期,第105—111页。

[35] 谢佑平:《差异与成因:中国古代"辩护士"、"讼师"与现代职业律师》,载《比较法研究》2003年第2期,第88—98页。

[36] 徐爱国:《法学知识谱系中的论题修辞学——〈法学的知识谱系〉前传》,载《中国法学评论》2021年第2期,第149—162页。

[37] 徐爱国:《法治理念:从古典到现代》,载《民主与科学》2018年第1期,第32—34页。

[38] 徐国栋:《从"地方论"到"论题目录"——真正的"论题

学法学"揭秘》,载《甘肃社会科学》2015 年第 4 期,第 197—203 页。

[39] 徐国栋:《两种"地方论"(Topica),哪个是真的?——当雷森遇上菲韦格》,载《法学》2015 年第 3 期,第 64—75 页。

[40] 徐国栋:《修辞学校在罗马的兴起与罗马的法学教育》,载《河北法学》2014 年第 1 期,第 22—31 页。

[41] 徐国栋:《演讲与罗马的法律生活》,载《法治研究》2016 年第 1 期,第 38—48 页。

[42] 晏绍祥:《演说家与希腊城邦政治》,载《历史研究》2006 年第 6 期,第 151—166 页。

[43] 杨巨平、王志超:《试论演说家与雅典民主政治的互动》,载《世界历史》2007 年第 4 期,第 24—32 页。

[44] 尤陈俊:《清代讼师贪利形象的多重建构》,载《法学研究》2015 年第 5 期,第 177—193 页。

[45] 尤陈俊:《阴影下的正当性——清末民初的律师职业与律师制度》,载《法学》2012 年第 12 期,第 41—54 页。

[46] 张学仁:《古代罗马的法学教育》,载《法学评论》1984 年第 1 期,第 58—63 页。

(二) 外文论文

1. 英文论文

[1] A. Paul Dorjahn, Anticipation of Arguments in *Athenian Courts,*

in *Transactions of the American Philological Association*, vol. 66, 1935, pp. 274-295.

[2] Adriaan Lanni, "Verdict Most Just": The Modes of Classical Athenian Justice, in *Yale Journal of Law and the Humanities*, vol. 16, 2004, pp. 277-322.

[3] Adriaan Lanni, Publicity and the Courts of Classical Athens, in *Yale Journal of Law and the Humanities*, vol. 24, 2013, pp. 119-135.

[4] Anton-Hermann Chroust, Legal Profession in Ancient Athens, in *Notre Dame Law Review*, vol. 29, 1954, pp. 339-389.

[5] Anton-Hermann Chroust, Legal Profession in Ancient Imperial Rome, in *Notre Dame Law Review*, vol. 30, 1955, pp. 553-554.

[6] Anton-Hermann Chroust, Legal Profession in Ancient Republican Rome, in *Notre Dame Law Review*, vol. 30, 1954, pp. 97-148.

[7] Bronisław Sitek, A State and the Protection of its Interests. Advocatus Fisci vs State Treasury Solicitors' Office, in *Journal of Modern Science Tom*, vol. 33, 2017, pp. 49-60.

[8] C. Carey, Nomos in Attic Rhetoric and Oratory, in *Journal of Hellenic Studies*, vol. 116, 1996, pp. 33-46.

[9] Charles P. Sherman, The Study of Law in Roman Law Schools, in *Yale Law Journal*, vol. 17(7), 1908, pp. 499-512.

[10] David C. Mirhady, Aristotle on the Rhetoric of Law, in *Greek, Roman, and Byzantine Studies*, vol. 31, 1991, pp. 393–410.

[11] David Cohen, Rhetoric, Morals, and the Rule of Law in Classical Athens, in *Zeitschrift der Savigny-Stiftung für Rechtsgeschichte: Romanistische Abteilung*, vol. 110(1), 1993, pp. 1-13.

[12] E. J. White, Lawyers of Ancient Rome, in *CENT. L. J.*, vol. 92, 1921, pp. 407-417.

[13] E. W. Timberlake, Origin and Development of Advocacy as a Profession, in *Virginia Law Review*, vol. 9(1), 1922, pp. 25-40.

[14] Edward M. Harris, The Rule of Law in Athenian Democracy: Reflections on the Judicial Oath, in *Dike*, vol. 9, 2006, pp. 157-181.

[15] Fergus Millar, The Fiscus in the First Two Centuries, in *Journal of Roman Studies*, vol. 53, 1963, pp. 29-42.

[16] G. Kennedy, The Rhetoric of Advocacy in Greece and Rome, in *American Journal of Philology*, vol. 89(4), 1968, pp. 419-436.

[17] J. Boyd White, Law as Rhetoric, Rhetoric as Law: the Arts of Cultural and Communal Life, in *the University of Chicago Law Review*, vol. 52, 1985, pp. 684-702.

[18] Łukasz Marzec, From Roman Oratores to Modern Advocates. Some Remarks on the Formative of Lawyer's Ethics in Antiquity, in *Journal of Juristic Papyrology*, vol. 29, 2016, pp. 935-963.

[19] Marius Jonaitis and Inga Žalėnienė, The Concept of Bar and Fundamental Principles of an Advocate's Activity in Roman

Law, in *Jurisprudencija*, vol. 117, 2009, pp. 299-312.

[20] Micheal Gagarin, Telling Stories in Athenian Law, in *Transactions of the American Philological Association*, vol. 133, 2003, pp. 197-207.

[21] Rena Van den Bergh, The *Patronus* as Representative in Civil Proceedings and His Contribution Towards the Attainment of Justice in Rome, in *Fundamina*, vol. 15 (2), 2009, pp. 159-173.

[22] Robin Osborne, Law in Action in Classical Athens, in *Journal of Hellenic Studies*, vol. 105, 1985, pp. 40-58.

[23] Roscoe Pound, Legal Profession in the Middle Ages, in *Notre Dame Law Review*, vol. 19, 1944, pp. 229-244.

[24] Roscoe Pound, What is a Profession—the Rise of the Legal Profession in Antiquiry, in *Notre Dame Law Review*, vol. 19, 1944, pp. 203-228.

[25] S. Todd, The Use and Abuse of the Attic Orators, in *Greece & Rome*, vol. 37(2), 1990, pp. 159-178.

[26] Yoshio Nakategawa, Athenian Democracy and the Conecpet of Justice in Pseudo-Xenophon's "Athenaion Politeia", in *Hermes*, vol. 123, 1995, pp. 28-46.

2. 意大利文论文

[1] A. Burdese, Sull'Origine dell' «Advocatus Fisci», in *Studi E.*

*Guicciardi*, 1975, pp. 81-102.

[2] A. Burdese, Voce Fisco (Diritto Romano), in *Enc. Dir*, vol. 17, 1968, pp. 673-676.

[3] Chiara Corbo, La Figura dell'Advocatus nella Cultura Giuridica Romana, in *Rivista S. S. E. F.*, vol. 5, 2005, pp. 22-38.

[4] E. De Ruggiero, Voce Advocatus Fisci, in *Dizionario Epigrafi-codi Antichità Romane*, vol. 1, 1886, pp. 125-131.

[5] Edoardo Volterra, Giustiniano I e le Scuole di diritto, in *Gregorianum*, vol. 48(1), 1967, pp. 77-99.

[6] Fausto Giumetti, La Difesa in Giudizio: Spigolature Plautine, in *Studia et Documenta Historiae et Iuris*, vol. 48, 2012, pp. 429-443.

[7] G. Boulvert, Advocatus Fisci, in *Index*, vol. 3, 1972, pp. 22-30.

[8] G. Chicca, Il 'Fiscus' e le Attribuzioni del suo 'Avvocato', in *RIDA*, vol. 11, 1964, pp. 141-147.

[9] Germino Emilio, Code Theodocianus e Codex Iustinianus: un'ipotesi di lavoro, in *Società e Diritto nella Tarda Antichità*, 2012, pp. 62-85.

[10] Oliviero Diliberto, Ut Carmen Necessarium (Cic. leg. 2,23,59). Apprendimento e Conoscenza della Legge delle XII Tavole nel I sec.a.C, in *Letteratura e Civitas*, 2012, pp. 141-162.

[11] P. Lambrini, In Tema di "Advocatus Fisci", in *SDHI*, vol. 59, 1993, pp. 325-336.

[12] Roberto Andreotti, Problemi della Constitutio de Postulando Attribuita all'Imperatore Giuliano e l'esercizio della Professione Forense nel Tardo Impero", in *Revue Internationale des Droits de l'Antiquité*, 1972, vol. 19, pp. 181-218.

[13] U. Coli, Voce Fisco (Diritto Romano), in *Nov. Dig. It.*, vol. 7, 1961, pp. 381-385.

[14] Vigorita, T. Spagnuolo, Presente Fisci Patrono, in *Sodolitas. Scritti in Onore di Antonio Guarino*, vol.3, 1984, pp. 1119-1130.

## 三、资料汇编与辞书

[1]〔古罗马〕盖尤斯:《盖尤斯法学阶梯》,黄风译,中国政法大学出版社 2008 年版。

[2]〔古罗马〕塔西佗:《塔西佗〈编年史〉》(全两册),王以铸、崔妙因译,商务印书馆 1981 年版。

[3]〔古罗马〕提图斯·李维:《自建城以来(第一至十卷选段)》,王焕生译,中国政法大学出版社 2009 年版。

[4]〔古罗马〕西塞罗:《论共和国 论法律》,王焕生译,中国政法大学出版社 1997 年版。

[5]〔古罗马〕西塞罗:《论义务》,王焕生译,中国政法大学出版社 1999 年版。

[6]〔古罗马〕西塞罗:《西塞罗全集·修辞学卷》,王晓朝译,人民出版社 2007 年版。

[7]〔古罗马〕西塞罗:《西塞罗全集·演说词卷》,王晓朝译,人民出版社 2008 年版。

[8]〔古罗马〕优士丁尼:《法学阶梯》,徐国栋译,中国政法大学出版社 2000 年版。

[9]〔古罗马〕优士丁尼:《学说汇纂第 48 卷:罗马刑事法》,薛军译,中国政法大学出版社 2005 年版。

[10]〔古希腊〕亚里士多德:《修辞学》,罗念生译,上海人民出版社 2006 年版。

[11]〔古希腊〕亚里士多德:《雅典政制》,日知、力野译,商务印书馆 1999 年版。

[12]〔古希腊〕亚里士多德:《政治学》,吴寿彭译,商务印书馆 1965 年版。

[13] A. T. Murray, *Demosthenes: Orations (41-49): Private Cases*, Harvard University Press, 1939.

[14] A. T. Murray, *Demosthenes: Orations (50-58), Private Cases in Neaeram (59)*, Harvard University Press, 1939.

[15] A. T. Murray, *Demosthenes: Orations 27-40*, Harvard University Press, 1936.

[16] Bruce W. Frier & Fred H. Blume, *The Codex of Justinian 3 volume Hardback Set: A New Annotated Translation, with Parallel Latin and Greek Text*, Cambridge University Press, 2016.

[17] C. A. Vince, & J. H. Vince, *Demosthenes, I: Philippics, Olynthi-*

acs, *Minor Public Orations 1-17 and 20*, Heinemann-Harvard, 1930.

[18] Clyde Pharr, *The Theodosian Code and Novels and the Sirmondian Constitutions*, Lawbook Exchange Ltd, 2001.

[19] Ettore De Ruggiero, *Dizionario Epigrafico di Antichità Romane*, Tipografia della R. Accademia dei Lincei, 1961.

[20] Peter Sarris & David J. D. Miller, *The Novels of Justinian: A Complete Annotated English Translation*, Cambridge University Press, 2018.

[21] Salvatore Riccobono, et al. *Fontes Iuris Romani Antejustiniani*, S. A. G. Barbera, 1968.

[22] W. R. M. Lamb, *Lysias*, Harvard University Press and William Heinemann Ltd., 1967.

[23] 黄风编著：《罗马法词典》，法律出版社 2002 年版。

[24] 罗念生、水建馥主编：《古希腊语汉语词典》，商务印书馆 2004 年版。

[25] 谢大任主编：《拉丁语汉语词典》，商务印书馆 1988 年版。

THE ORIGINS
OF THE
*ADVOCATUS*

# 后 记

我从小就想做个律师。在还不太看得懂剧情的年龄，我就被《壹号皇庭》深深吸引：象征尊贵的律师袍，慷慨激昂的辩护词，正义凛然的大律师……在我心里，法庭上的雄辩滔滔、所向披靡成了法律和正义的全部。三十年后，我以一场耗时五年的研究追根溯源地去了解"律师职业"，也算是以自己的方式圆梦了。

以律师为主题进行法律史研究，缘起于2016年回意大利签订涉外法律人才培养合作实践协议。在司法改革和涉外人才培养的大背景下，学术求生欲强烈的我总是无比焦虑地在思考该如何突破传统的研究范式，赋予外国法律史研究以现实的生命力。教学相长，那一次访问竟然结合了我的专业旨趣与社会服务内容，为我这几年的研究提供了一个新的研究方向。

感谢我的导师奥利维耶罗·迪利贝托（Oliviero Diliberto）教授。那次访问，导师作为意大利前司法部长陪同我们参观了意大利国家公证学院（Accademia del notariato）和最高司法委员会（Consiglio superiore della magistratllra）。大概是我访问时一系列关于"国家律师"的发问让老师发现了我在这个领域的知识盲点，走出律师培训学院的时候，老师深深地抽了一口雪茄，语重心长地对我说："其实律师职业是罗马法对司法制度的又一巨大贡献，你可以考虑研究一下。""可以"是老师润物细无声的惯常指导风格，还没来得及琢磨，我就收到了他发来的超大文献附件以及简短的留言："起源是所有事物最重要的部分。"毕业多年，老师仍然持续关注着我的学术成长，令人感动不已！

感谢我的项目组成员们：Domenico Dursi 教授参加我的课题的时候还是讲师，现在已经获得了正教授资格，这是课题项目的"意外收获"；Ugo Bartocci 和 Fausto Giumetti 对本书的拉丁语片段翻译做出了杰出的贡献，还第一时间寄给我大量的资料和专著，并且每次都会善意地提醒我里面有不少法文和德文材料，同时我也耐心地教会了他们"律师"的中文发音，算得上学术合作的又一"交流成果"；我的学生张雪伟、程林森、陈锦贤、刘柯铭、刘禹呈整理了大量的罗马法原始文献，希望我对文字和片段的热情留给你们的美好要大于伤害，也希望我们在幕布上校对过的每一个拉丁术语、每一段逻辑分析都会成为你们求学阶段的美好回忆而不是"折磨"。你们的参与和陪伴，让枯燥的学术生活多了很多欢乐和动力。在此一并致谢！

感谢北京大学出版社蒋浩先生、杨玉洁老师和方尔埼老师。

正是蒋老师对法学研究的情怀和学术品格的追求，才让我有了写作法律史专著的勇气，感念不已。拙著得以出版，仰赖北京大学出版社和蒋老师的大力支持。杨玉洁老师、方尔埼老师的细致认真让我对学术有了更加坚定的敬畏之情。请允许我借此机会表达衷心的谢意！

感谢我的家人们。先生徐涤宇教授对于罗马法和法律史的热爱，毫无保留地转化成了催促我完成书稿的急切，一如女儿徐一可把对我的喜爱，淋漓尽致地表达在帮我录入拉丁文片段的热情上一样。特别要感谢我父母多年的支持和奉献，没有你们，学术生活一定会被柴米油盐捣鼓得七上八下，不会如此有趣和让我投入。

黄美玲

2021 年 8 月 28 日定稿于晓南湖畔

图书在版编目(CIP)数据

律师职业的起源/黄美玲著. -- 北京:北京大学出版社,2021.12
ISBN 978-7-301-32783-8

Ⅰ.①律… Ⅱ.①黄… Ⅲ.①律师制度—法制史—古罗马 Ⅳ.① D919.859

中国版本图书馆 CIP 数据核字(2021)第 274748 号

| 书　　　名 | 律师职业的起源 |
|---|---|
| | LÜSHI ZHIYE DE QIYUAN |
| 著作责任者 | 黄美玲　著 |
| 责 任 编 辑 | 方尔埼 |
| 标 准 书 号 | ISBN 978-7-301-32783-8 |
| 出 版 发 行 | 北京大学出版社 |
| 地　　　址 | 北京市海淀区成府路 205 号　100871 |
| 网　　　址 | http://www.pup.cn　http://www.yandayuanzhao.com |
| 电 子 信 箱 | yandayuanzhao@163.com |
| 新 浪 微 博 | @北京大学出版社　@北大出版社燕大元照法律图书 |
| 电　　　话 | 邮购部 010-62752015　发行部 010-62750672 |
| | 编辑部 010-62117788 |
| 印 刷 者 | 北京中科印刷有限公司 |
| 经 销 者 | 新华书店 |
| | 880 毫米×1230 毫米　32 开本　9.5 印张　188 千字 |
| | 2021 年 12 月第 1 版　2021 年 12 月第 1 次印刷 |
| 定　　　价 | 59.00 元 |

未经许可,不得以任何方式复制或抄袭本书之部分或全部内容。
**版权所有,侵权必究**
举报电话: 010-62752024　电子信箱: fd@pup.pku.edu.cn
图书如有印装质量问题,请与出版部联系,电话: 010-62756370